中国史
史书系

魏晋隋唐

林柏墅　谌畅◎著

山西出版传媒集团　三晋出版社

图书在版编目（CIP）数据

极简中国史 . 魏晋隋唐 / 林柏墅 , 谌畅著 . -- 太原：
三晋出版社 , 2024. 8. -- ISBN 978-7-5457-3053-1

Ⅰ . K209

中国国家版本馆 CIP 数据核字第 2024VQ9798 号

极简中国史·魏晋隋唐

著　　者：林柏墅　谌　畅
责任编辑：张　帆

出 版 者：山西出版传媒集团·三晋出版社
地　　址：太原市建设南路 21 号
电　　话：0351—4956036（总编室）
　　　　　0351—4922203（印制部）
网　　址：http://www.sjcbs.cn

经 销 者：新华书店
承 印 者：三河市同力彩印有限公司

开　　本：787mm×1092mm　1/16
印　　张：12
字　　数：128 千字
版　　次：2024 年 8 月第 1 版
印　　次：2024 年 8 月第 1 次印刷
书　　号：ISBN 978-7-5457-3053-1
定　　价：68.00 元

如有印装质量问题，请与本社发行部联系　电话：0351—4922268

目录

目录

历史人物

121

HISTORY

时代背景

漫长分裂后的大一统

魏晋南北朝，又称三国两晋南北朝，时代跨度从公元 220 年曹丕建立魏国政权，到公元 589 年杨坚灭陈统一全国，是中国历史上政权更迭最频繁的时期之一。三百多年间，除了西晋政权完成了短暂的统一之外，因各方势力的争权夺利，这个时代长期处于战乱之中，八王之乱、永嘉之乱等战争相继发生。

魏晋南北朝承接的是东汉王朝。东汉末年天下大乱，黄巾起义之后，全国各地实际由各个地方州牧控制，他们之间互相攻伐，最终，魏、蜀、吴三分天下。司马家族在曹魏政权的基础上，取代魏国，建立西晋，并攻灭蜀国、吴国，完成统一。西晋历经内部的八王之乱后元气大伤，而后少数民族南下。少数民族的入侵促成了西晋的灭亡，北方成了胡族的天下，他们在北方建立了许多共存的政权，史称"十六国"，同时期，司马家族在南方建立起了东晋政权。

东晋、十六国时期，南北之间不断发生战事，但双方都无力消灭对方，因此南北之间维持了长时间的对峙。东晋政权相对稳定的同时，北方的政权则不断更迭。北方的鼎盛时期出现在符坚所建立的前秦政权期间，符坚完成了北方统一，然而十几年后在进攻东晋失败后解体。

南北朝分为南朝和北朝，但二者在时间上是有出入的。北朝开始于鲜卑拓跋（tuò bá）氏的北魏政权。北朝基本上经历了北魏、东魏与西魏并立、北齐与北周并立三个时代。南朝则开始于刘氏所建立的宋朝，南朝内部经过三次改朝换代，经历了宋、齐、梁、陈四个政权的更迭。

在北周统一北方之后，北周的权臣杨坚篡位夺权，建立了隋朝政权，并最终消灭陈朝政权，统一全国，魏晋南北朝时期就此结束。

魏晋南北朝时期虽然战乱不停，政权更迭，但这个时期的文化领域却异彩纷呈，出现了如"竹林七贤"等文学家、艺术家，科学技术也高度发展。因这个时期文化和艺术上的繁荣和发展，后世的文人史家把这个时期的士人风范称为"魏晋风度""魏晋风流"。

如果问中国历史的鼎盛时期在什么时候，想必很多人会回答是隋唐。历经魏晋南北朝近三百年的乱世分裂，隋唐王朝重新统一中国。隋唐时期除了重新统一全国的隋文帝杨坚、千古一帝唐太宗李世民、一代女皇武则天，还有"三箭定天山"的薛仁贵、高歌吟唱"蜀道之难难于上青天"的大诗人李白、吟唱《长恨歌》的白居易、写出《千金要方》的药王孙思邈、"吴带当风"的吴道子，更有人民群众熟知的狄仁杰以及唐明皇与杨贵妃绮丽的爱情故事……

隋朝（公元581—618年）是中国历史上上承南北朝乱世，下启唐朝盛世的大一统王朝。虽然隋朝只存在了短短三十余年年，历经隋文帝、隋炀帝两位皇帝，但它终结了中国近三百年的乱世，其开创的各项制度更成为后世施政的重要范本。唐朝（公元618—907年），是继隋朝之后中国历史上的又一个大一统王朝，是中国封建社会的繁盛阶

▲唐·孙位《高逸图》。此图为《竹林七贤图》残卷，"高逸图"之名为
宋徽宗赵佶所定。此画中的四位主要人物为"竹林七贤"中的"四贤"，
即山涛、王戎、刘伶和阮籍

▲唐·周昉《簪花仕女图》

段。唐王朝历经 289 年，共有 21 位皇帝，是中国古代王朝中的长命王朝。

中国封建王朝的恢宏气度在隋唐时期得到了淋漓尽致的展现。历经了两晋和南北朝的大混乱，隋唐帝国在政治上重塑了大一统体制，在军事上扩大了版图、增强了对边疆地区的统治，在经济上连通南北、促进了全国政治经济的一体化，在社会生活上呈现出开放包容的繁荣气象，在文化和科技上也取得了令人瞩目的成果。

隋唐王朝开放、务实的社会风气亦深深影响着后人，直至今日，在海外，中华儿女仍经常被称为唐人。

HISTORY

历史事件

三家归晋

东汉末年朝廷腐败、国势衰弱、皇权衰落，先有黄巾起义，后有董卓、袁绍、曹操、孙权、刘备等群雄并起，以匡扶汉室的名义互相吞并。曹操挟天子而令诸侯，官渡之战他击败北方霸主袁绍，成为当时实力最强的军阀。他欲南下灭掉孙权和刘备，统一全国。孙、刘联合抗曹，赤壁之战，曹操惨败，退回北方积蓄力量。刘备攻取西川建立蜀汉，孙权独霸东南外称东吴，与曹操形成三足鼎立的局面。曹操死后，曹丕继位，他迫使汉献帝让位，自称皇帝，建立魏国，随后刘备、孙权也相继称帝，三国鼎立的格局正式形成。

外部斗争暂缓后，三国内部权力斗争加剧，以魏国内部曹氏和司马家族的斗争最为激烈。曹叡、曹真死后，权臣司马懿发动高平陵事变，用计除掉曹爽，开始司马氏专政。司马懿死后，其子司马师、司马昭对内杀害曹魏后人，对外再度南下征战。司马昭杀死曹髦后，公元 263 年，派钟会、邓艾、诸葛绪灭掉蜀汉。公元 265 年，司马炎废掉了曹奂，自立为帝，公元 266 年更改国号为晋。

公元 279 年，晋武帝司马炎派大军伐吴，公元 280 年，孙皓选择了投降，孙吴政权灭亡。至此，西晋完成了统一。不过长期的征战、内部的豪强势力以及北方强大起来的少数民族，都给新政权埋下了严重的隐患。

蜀汉的余晖

三国中首先灭亡的是蜀汉政权。在刘备去世之后，诸葛亮致力于修复与孙吴的关系，延续过去的联吴抗魏的策略。而在蜀汉西南边境，当地人并不服从于蜀汉政权，他们在蜀汉的后方构成了威胁。诸葛亮执政后，希望解除这个后方的威胁，同时也能将南中地区的人力物力为己所用。公元225年，诸葛亮亲自率领大军南征，同年成功平定了这一地区，这也为蜀汉开拓了物资来源。在南方平定之后，诸葛亮试图北伐曹魏，而曹魏方面派出了曹真和司马懿，坚持使用防御的策略来应对蜀汉的进攻。作为进攻一方的蜀汉需要完成远距离的粮食供应，而曹魏作为防守一方则没有这样的问题。战争陷入僵持，诸葛亮没有办法更进一步。从公元228年到公元234年，诸葛亮多次北伐，虽然偶尔也能取得一些战果，但并没能改变局面，无力扩大版图。公元234年，诸葛亮病逝，此后蜀汉呈现出衰退的迹象。在诸葛亮去世后，姜维逐渐掌握蜀汉的军权。姜维原本是魏国的一名军官，在诸葛亮北伐的时候投降于诸葛亮，官至大将军。公元262年，刘禅的宠宦黄皓与姜维权力争斗激烈，黄皓弄权，姜维不敢回成都，只能领兵在外，蜀汉的政权在此时已然临近尾声了。

司马代曹

另一方面，曹魏政权形势也发生了变化。在曹叡继任的时候，曹真和司马懿都是曹丕所留下来的辅政大臣，曹真的地位原本要比司马懿更高，但到了公元 231 年，曹真因病去世，原本由二人共同负责的对蜀汉的战争，就变成由司马懿一个人指挥了，这使得司马懿手握大权，再加上司马懿还消灭了长期割据辽东的公孙渊，他的威望也越来越高。曹氏与司马氏的斗争已经悄然开始。公元 239 年，魏明帝曹叡病死，他年仅八岁的养子曹芳继位为帝，由大将军曹爽、太尉司马懿辅政。曹爽正是曹真的儿子。曹爽竭力排挤司马氏的势力，司马懿表面上隐忍，暗地里却一直在等待机会。公元 249 年，魏帝曹芳与曹爽离开洛阳前往高平陵祭拜，这是曹叡的陵墓。司马懿把握住这个机会，迅速控制了洛阳，并率军切断了高平陵与洛阳的通道，而后向曹芳送去奏章，历数曹爽等人的罪状，要求将曹爽兄弟废黜。曹爽天真地相信放弃权力就能换来平安，便接受了司马懿的要求，仅保留了爵位。然而司马懿没有善罢甘休，以谋逆的罪名指控曹爽与其同伙，将他们全部斩首，诛其三族（父母、妻子、兄弟）。从此司马氏掌握了曹魏政权的实际领导权。从公元 249 年的高平陵事变开始，司马氏不断蚕食亲曹派的势力。司马懿在公元 251 年病死，其子司马师继续掌权；公元 254 年，司马师废了皇帝曹芳，另立曹髦为帝；公元 255 年，司马师去世，其弟司马昭又接替掌权。公元 260 年，曹髦对司马氏的霸权非常不满，对自己的亲信说："司马昭之心，路人所知也。"他决心率众去袭击司马昭，然而司马昭早已得到了通报，最终曹髦被司马昭的部下杀死。此时司马昭还不敢自己称帝，于是又立曹奂为皇帝，这是曹魏政权最后一位皇帝。公元265年，司马昭去世，其子司马炎继任为丞相、晋王，不久后他废掉了曹奂，自立为帝，国号为晋。

尽管曹魏政权在最后的时光里充斥着内部的斗争，但曹魏的国力终究是更为雄厚。公元263年，司马昭派钟会、邓艾、诸葛绪率军进攻蜀汉，姜维退守到了剑阁。剑阁易守难攻，钟会对此无计可施，邓艾却出其不意地偷渡阴平，通过一条极其危险的路绕过了姜维驻守的剑阁。邓艾一路进军，攻破江油、绵竹，斩杀了诸葛亮的儿子诸葛瞻，迫近成都，最终刘禅选择向邓艾投降，蜀汉政权就此结束。

江东孙氏的结局

另一方面，孙吴政权的情况多少有点不同。孙权与曹操、刘备不一样，他是继承了父兄的基业而掌管江东的。刘备在公元221年称帝时已经60岁，曹操在世时并未称帝，到了公元220年去世时也65岁了，而孙权公元222年才满40岁，较二人年轻许多。辛弃疾称赞孙权"年少万兜鍪，坐断东南战未休"，孙权在其兄长孙策遭遇刺杀死去后继任，当时年仅19岁，就成功地稳定了江东的形势，巩固了由父兄所开拓的基业。孙权在位期间，孙吴政权比较稳定，但在继承人的问题上却产生了很大的分歧。孙权在称帝之后立长子孙登为太子，然而孙登在公元 241 年去世，年仅 32 岁。随后孙权立三子孙和为太子，孙和的弟弟孙霸被封为鲁王，但孙霸与孙和关系不好，双方陷入党争之中，斗得两败俱伤。到了公元 250 年，孙权废掉太子孙和，处死鲁王孙霸，又再立小儿子孙亮为太子，但孙吴政权的激烈内斗并没有在孙权死后结束。公元 252 年，幼子孙亮继位为帝，由孙权指定的诸葛恪辅政，次年，诸葛恪在出兵进攻曹魏兵败后回国，宗室大臣孙峻构陷诸葛恪有谋反之心，密谋杀害了诸葛恪，代掌朝政。孙峻掌权后残杀宗亲，他在公元 256 年死去，他的弟弟孙綝（chēn）继续掌权。孙綝在公元 258 年废黜了孙亮，另立孙亮的哥哥孙休为皇帝，但孙休并不甘心任由孙綝掌握，他联合张布、丁奉，设计诛杀了孙綝，亲自掌管朝政。然而孙氏一族大多不像孙权那般长寿，公元 264 年，孙休病死，年仅 29 岁。此时蜀汉已然亡国，而孙吴政权也迎来了他们的亡国之君。由于国难当头，需要一位年长的君主，因此当年被废的太子孙和的儿子孙皓成了皇帝，然而孙皓却是个有名的暴君，他好酒色而且生性暴虐，导致人人自危。公元 280 年，晋武帝司马炎的大军兵临城下，孙皓选择了投降，孙吴政权灭亡。至此，司马炎完成了统一，这就是三家归晋。

短命的西晋

八王之乱

　　司马炎立儿子司马衷为太子，然而司马衷能力低下，不少朝廷大臣都认为司马衷无能，寄希望于司马炎的弟弟司马攸来继承皇位，但司马炎宠臣荀勖等人从中作梗，使司马攸带病返回封国，呕血身亡。公元290年，司马炎去世，司马衷继位为帝。晋惠帝司马衷是有名的昏君，他曾在闹饥荒的时候说出了那句著名的"何不食肉糜"。

　　司马衷在位之初由皇太后的父亲太尉杨骏辅政，然而皇后贾南风意图干政，联合司马衷的弟弟楚王司马玮以及一些朝臣，罗织了杨骏谋反的罪名，杀害杨骏及其亲族党羽等数千人，随后又废黜并杀死皇太后。杨骏死后，朝政大权落入了汝南王司马亮与卫瓘（guàn）手中，贾南风又让司马玮以谋反罪名杀害司马亮、卫瓘，随后又反过来以擅自杀害大臣的罪名诛杀了司马玮，由此贾南风大权在握。贾南风执掌朝政八年，除了任用亲族之外，也重用了一些能人，因而这段时间政局比较稳定。然而好景不长，因为贾南风无子，而当时太子是司马衷与另一个妃子所生的司马遹（yù），贾南风又设计废掉了太子并将其

晋武帝司马炎

▲司马炎像　唐·阎立本《历代帝王图卷》

杀害。赵王司马伦掌管禁军，他以杀害太子的罪名，起兵讨伐贾南风，杀死了贾南风及其党羽，并得以掌权。

公元301年，司马伦废晋惠帝，自立为帝，而齐王司马冏（jiǒng）联合成都王司马颖、河间王司马颙（yóng）起兵讨伐司马伦，司马伦兵败被杀，惠帝得以复位，由司马冏辅政。司马冏掌权后，司马颙和司马乂（yì）又起兵讨伐并杀死了司马冏，司马乂独揽朝政，这

▲西晋青瓷堆塑人物楼阙魂瓶

又引起了司马颙与司马颖的不满。司马颙与司马颖又出兵攻打在洛阳的司马乂，司马乂一开始成功将他们击退，但被困在了洛阳城中，于是身处洛阳城内的东海王司马越勾结禁军捕获了司马乂并将其交出，司马乂被火烤而死。司马颖因其长期积累的威望与强大的军事背景，在入主洛阳后，被尊为丞相，地位显赫。同时，河间王司马颙晋升为太宰，而东海王司马越则出任尚书令一职。随后司马颖成为皇太弟，其丞相职权依旧。然而，东海王司马越对司马颖的集权统治深感不满，遂集结十多万大军，挟持晋惠帝，向邺城发起讨伐。东安王司马繇力劝司马颖顺应时势，选择归降，未被采纳。司马颖派遣五万精兵迎战，大破司马越军，并俘虏了晋惠帝，随后将其带至邺城。司马颖随即改元建武，并因司马繇的反对而将其处决。司马越兵败后，先逃至下邳，却遭徐州都督、东平王司马楙拒之门外，只得返回其东海封地（今山

东郊城北）。司马越败退后，其弟并州刺史东瀛公司马腾及盟友王浚，击杀了司马颖所任命的幽州刺史和演，引发司马颖的愤怒与反击。但司马腾联合异族乌丸、羯朱等势力，成功抵御并反击司马颖军，大败司马颖派出的幽州刺史王斌及石超等人。败讯传至邺城，引起极大恐慌，官员士兵纷纷逃离。司马颖见势不妙，携带少数亲信及晋惠帝，连夜逃往洛阳。此时洛阳已落入司马颙部将张方之手，晋惠帝再次被挟持。司马颖转赴长安，却遭司马颙剥夺皇太弟身份，并被勒令返回封地。司马颙在长安自行任命百官，并调整行政区划，同时以晋惠帝之名，征召远在东海的司马越回朝辅政，授以太傅之职，但司马越坚决不从。公元305年，司马越再度起兵，公元306年，司马颙、司马颖均被杀害，司马越迎接惠帝回到洛阳，独掌大权。

从公元291年贾南风杀杨骏到公元306年惠帝回到洛阳，这十六年间所发生的事情被称为"八王之乱"，因其中卷入了八位司马氏的诸侯王，包括汝南王司马亮、楚王司马玮、赵王司马伦、齐王司马冏、长沙王司马乂、成都王司马颖、河间王司马颙、东海王司马越，他们相互攻伐，致使政局极其不稳定。而诸王在战争中也利用了胡人的力量，使得匈奴、鲜卑等胡人长驱而入，埋下了巨大的隐患，西晋王朝至此已然摇摇欲坠了。

何不食肉糜

出自《晋书·惠帝纪》，指对事物没有全面认知。有一年发生饥荒，百姓没有粮食吃，只有挖草根、吃树皮，许多百姓因此活活饿死。消息被迅速报到了皇宫中，晋惠帝坐在高高的皇座上听完了大臣的奏报后大为不解："百姓无粟米充饥，何不食肉糜？"（百姓肚子饿没米饭吃，为什么不去吃肉粥呢？）

狗尾续貂

西晋时期，赵王司马伦是司马昭的弟弟，在八王之乱时期，司马伦篡位称帝。司马伦篡位后，为了收买人心而大肆封官，那些跟他共同谋反的人都获得了很高的职位，甚至连一些奴仆、差役都获得了爵位，每次朝会的时候，满座都是戴貂蝉冠的人（貂蝉冠是大官的官帽，上面插有貂尾）。因此当时的人嘲笑司马伦，说貂尾不够用的话，就用狗尾补上吧。狗尾续貂原本是讽刺政治腐败、官职泛滥的现象，引申为用不好的东西接续到好的东西上，导致变得不相称。

永嘉之乱到西晋灭亡

公元 307 年，晋惠帝去世，皇太弟司马炽继位，是为晋怀帝。公元 308 年，匈奴贵族刘渊称帝，定国号为汉，石勒、王弥等人也依附于刘渊。刘渊攻城拔寨，多次侵扰西晋。司马越率军出征，病死于途中，军队被石勒追击，主力军皆被消灭。公元 311 年，刘渊第四子刘聪杀掉刘和自立为帝，派刘曜与王弥、刘粲联军攻破洛阳，俘获了晋怀帝，不久怀帝被杀害。由于晋怀帝的年号为永嘉，因此匈奴军攻占洛阳劫杀晋怀帝的事件被称为"永嘉之乱"。

在这几年间，由于北方战事不断，大量的汉人选择南迁，形成了大规模的人口迁徙，至此西晋在北方几乎是名存实亡了。

晋怀帝死后，秦王司马邺在长安被拥立为帝，继续抵抗刘曜等人的进攻。公元316年，刘曜攻入关中包围长安，长安城粮食耗尽被攻破，刘曜将司马邺俘虏到了平阳。次年十二月司马邺被杀死，西晋就此灭亡。而在此前已经南渡的琅琊王司马睿在江南建立政权，史称东晋。

裴秀与《禹贡地域图》

裴秀是西晋时的地图学家，他官至尚书令，掌管全国的户籍、土地、田亩税赋等，因职务原因裴秀很重视地图绘制工作，他根据当时的情况绘制了地图18篇，名为《禹贡地域图》，这是中国古代有文献可考的最早的历史地图集。裴秀还在里面提出了绘制地图的六个原则，也就是所谓的"制图六体"，为中国传统地图奠定了理论基础，裴秀被认为是中国传统地图学的奠基人。

▲西晋"亲晋胡王"青铜印。胡，指匈奴，匈奴最高首领号单于，下设左贤王、右贤王等。此印章应是西晋政权颁发给这些匈奴王的

东晋与十六国

前赵与后赵

西晋灭亡后，中国陷入了长期的南北分裂，在东晋据有南方的时候，北方以及西南地区则先后建立了许多政权，人们习惯称之为十六国，但实际上政权数量并不止十六个。

北方政权中较早崛起的是刘渊所建立的前赵政权，又称汉赵。刘渊的祖父是于夫罗，是南匈奴的单于，刘渊的父亲刘豹则为左贤王，在晋武帝司马炎时期，刘渊任北部都尉。在八王之乱时，刘渊被司马颖派往并州调动匈奴作为外援，回到左国城的刘渊被匈奴贵族推举为大单于。公元 304 年刘渊改称汉王，公元 308 年刘渊正式称帝，建都平阳，定国号为汉。随后刘渊积极进军，得到了多方势力的拥护，所向披靡，然而在公元 310 年病死。他的儿子刘聪杀死了新帝刘和成为皇帝。刘聪派遣刘曜、王弥、刘粲在洛阳周边攻城拔寨，而汉赵另一名重要将领石勒则在宁平城歼灭了西晋的主力军。汉赵先后攻破了洛阳和长安，俘获了晋怀帝以及晋愍帝，灭了西晋，中原地区都落入刘氏政权手中。

刘氏政权的好日子并不长久，将领石勒在战争中不断扩大自己的势力，杀害王弥并收编了其部队，王弥的部将曹嶷（yí）同样也成了地方割据势力，汉赵所能控制的地区越来越少了。而刘聪成为皇帝后腐化堕落，致使政权逐渐不稳。公元318年，刘聪病死，其子刘粲继位，过了没多久，匈奴贵族靳准叛变，杀死了刘粲，屠杀了在平阳的刘氏皇族，自立为汉天王。刘曜在长安得知消息后，自立为皇帝，屠杀了靳氏家族，因石勒攻占平阳，便将国都迁至长安，将国号改为赵，史称前赵。

另一方面，石勒已经割据了河北、山东大部分地区，公元319年石勒正式建立政权，定都于襄国，自称赵王，史称后赵。前赵与后赵在北方展开了决战，公元329年，刘曜战败，被石勒所杀，石勒进而消灭了前赵政权。公元330年，石勒改称皇帝，至此他几乎统一了中原地区。

公元333年，石勒病死，太子石弘继位，然而石勒的侄子石虎独揽大权。石虎在石勒攻城略地的过程中可谓厥功至伟，一直担任石勒的副手，他杀死了石弘并取而代之。石虎荒淫无度，极其残暴，致使民不聊生，他还杀死了自己的两个儿子——前后两任太子石邃以及石宣。杀了太子石宣后，石虎又将东宫卫士十余万人发配凉州。这些人被迫起兵反抗，并击败了政府军。石虎无奈之下借助羌族首领姚弋仲与氐族首领苻洪的帮助镇压起义，然而石赵政权仍旧惨遭打击，而姚弋仲与苻洪也趁此机会得以崛起，成了前秦与后秦政权的奠基人。

公元349年，石虎病死，石虎的儿子们为了争夺皇位开始自相残

▶张大千《石勒问佛图》

杀。先是年幼的太子石世继位，石世只做了一个月的皇帝就被他的兄长石遵杀害，而石遵做了半年的皇帝，又被兄长石鉴杀了，石鉴在位百余天，被石虎的养孙冉闵杀死，冉闵在杀死石鉴之后称帝，建立了短暂的冉魏政权，而石鉴的弟弟石祗则在襄国自立为帝讨伐冉闵，公元351年石祗战败被部将杀死，后赵就此灭亡了。

洛阳纸贵

左思是西晋时期的文学家，他年幼时学习书法、鼓琴，但没有学成，他的父亲对别人说左思不如自己。于是他发奋学习，最终他在写文章方面取得成就。先是用了一年时间写下了《齐都赋》，后来又准备写《三都赋》，他认为自己见识不够广博，还特意请求去做了掌管图书典籍的著作郎，耗时10年方才写成《三都赋》。《三都赋》写成后，豪门贵族争相传阅抄写，一时之间竟然使得首都洛阳城的纸价都上涨了。

鹿死谁手

东晋十六国时期，北方的后赵政权建立者石勒，在做了皇帝后有一次宴请高句丽的使者，在喝到半醉的时候，问臣子徐光说："自从上古以来，我算得上是哪一等的君主呢？"徐光回答："陛下勇武谋略超过了汉高祖刘邦，而卓越的实力也远超魏祖曹操，三王以来已经没有能跟您比的了，大概仅次于轩辕黄帝吧！"石勒笑了笑说："人怎么能没自知之明呢，你说得太夸张了。我如果遇到汉高祖，应该向他称臣，跟韩信、彭越这些人竞争。如果遇到了光武帝，则要在中原跟他并驾齐驱，还不知道鹿死谁手呢！"鹿常常有指示天下政权的意思，而如今鹿死谁手也引申出了在比赛时不知道谁会最终获胜的意思。

前燕与前秦

慕容氏是鲜卑族人，他们在魏晋之际迁居到了辽东北。公元307年，慕容廆（wěi）自称鲜卑大单于，慕容廆死后，其子慕容皝（huàng）于公元337年自立为燕王。公元340年，慕容皝的燕王封号得到了东晋的认可，名义上成了东晋的诸侯国。慕容皝时期，还曾经击退了后赵石虎的进攻，并统一了辽西地区。公元348年，慕容皝去世，其子慕容儁（jùn）继位。慕容儁时期，石虎病死后，后赵政权经历一番内乱后被冉闵建立的冉魏政权取代。公元352年，慕容儁出兵攻灭冉魏，而后正式称帝，与东晋划清界限，建立了前燕政权，先是定都于蓟城，又迁都到邺城。而后前燕政权势力不断扩大。黄河南部地区在石赵政权覆灭后被东晋收复，而慕容儁的儿子慕容暐统治时期，前燕南下入侵东晋，占领了河南淮北地区。慕容皝另一个儿子慕容垂又击败了东晋桓温率领的北伐军，巩固了前燕政权，前燕由此控制了关东地区，在北方与控制关中地区的前秦政权分庭抗礼。然而慕容垂立下战功却招来了忌恨，慕容皝的弟弟慕容评时任辅政，在他的排挤之下，慕容垂不得不出逃投奔了前秦的苻坚。

前秦政权由氐（dī）族的苻氏所建立，氐族酋长苻洪的势力在西晋

▲前秦·大秦龙兴化牟古圣瓦当

覆灭之际强大起来。苻洪先后依附于前赵的刘曜和后赵的石勒，在石虎统治时期，苻洪参与镇压梁犊起义有功，被任命为都督镇守关中，石虎死后，其子石遵免掉了苻洪的都督职位，苻洪一怒之下归降了东晋，叛离后赵。苻洪又收拢了大批流民，部众达到十多万，自称大将军、大单于、三秦王。后来苻洪被石虎部将麻秋毒杀，儿子苻健接管了他的部众。公元 351 年，苻健自称大秦天王、大单于，次年改称皇帝，定国号为秦，建立了前秦政权。苻健时期，东晋桓温率大军进攻前秦，最终无功而返。苻健在位四年后死去，年仅 38 岁，其子苻生继位。苻生勇武而残暴，在位两年便被苻坚诛杀，苻坚也是苻洪的孙子，苻坚从此继位。

汉人王猛饱读兵书，文武双全，但在东晋的门阀政治中得不到重用，苻坚继位后重用了王猛，王猛也充分回报了苻坚。在王猛的治理下，前秦日渐壮大，公元370年，王猛率军进攻前燕，俘获了慕容暐，前燕政权就此灭亡。随后前秦在北方消灭了前仇池国、前凉以及代国，统一了北方。

闻鸡起舞

东晋时期的将领祖逖，平生有志于北伐收复故土，他年少之时就已经胸怀大志。后来他和刘琨一同担任司州主簿，两人关系非常密切，晚上睡觉还会睡在一起。有一天夜里，祖逖听到了鸡鸣声，他就把刘琨踢醒说："这不是不好的声音啊。"于是两人起床一起舞剑。他们二人都有英雄气概，心怀复兴祖国的志向，后人用闻鸡起舞来形容有志于报国的人。

淝水之战前的前秦

公元375年，为前秦立下汗马功劳的王猛病死，临死前向苻坚进言，建议他不要试图消灭东晋，而应该逐渐铲除鲜卑以及西羌等降服了的贵族，以免他们成为祸害。然而王猛的建议并没有得到采纳，统一了北方的苻坚还是将目标瞄准了东晋王朝，以希望完成统一天下的霸业。

早在公元373年，前秦就已经攻陷了东晋的梁州、益州，到了公元378年，苻坚又派其子苻丕成功攻占襄阳。而后苻坚又派俱难、彭

超等人进攻淮南地区，但却被东晋将领谢玄击退。前秦与东晋的战事主要发生在东线的徐州，以及西线的荆州，而在这些地方双方都互有胜负，都没能给对方造成致命的伤害。

公元382年，苻坚召集群臣，提议亲率大军消灭东晋，朝臣大多反对苻坚出征，苻坚的弟弟苻融、太子苻宏等人都规劝苻坚不要出征，但苻坚一意孤行。鲜卑族的慕容垂、羌族的姚苌（cháng）则支持苻坚南征，苻坚自己也已然下定决心，准备大举南征了。

淝水之战前的东晋

在东晋方面，自从西晋灭亡，司马睿称帝并定都于建康后，东晋就偏安于南方。司马睿重用琅琊王氏，以王导为相，王敦主管军事，时称"王与马，共天下"。东晋王朝初期并不甘心苟安于南方，同时，在北方的汉族人民中仍有许多反抗刘氏、石氏的势力，其中以刘琨、

▲司马睿像

李矩、魏浚、陈午等为代表人物。祖逖承担了东晋王朝北伐的任务，尽管并没有从东晋政府那里得到多少帮助，但在北方的经营仍旧取得了不少成果，然而东晋内部发生矛盾，使得祖逖前功尽弃，发病身亡。

东晋王朝的内部矛盾由来已久，由于大量北方的士族南渡，在江南士

族的眼里，这些南下的北方士族损害了他们这些土著的利益，而东晋王室又依赖于北方的士族，使得南、北士族的矛盾增大。在西晋末年三定江南、屡屡平叛并为东晋政权打下基础的周玘（qǐ）作为南方士族的代表人物，率先发难，准备发动政变。然而消息走漏，周玘忧愤而死，其子周勰（xié）继承父志，他联合了徐馥、孙弼等人起兵，打起了讨伐王导的旗号。周勰还想推举叔父周札作为领袖，然而周札认为政变不会成功，因而将周勰的阴谋上报。周勰的叛变失败，徐馥、孙弼等皆被消灭，而周勰由于周氏的影响力，并没有被问罪。

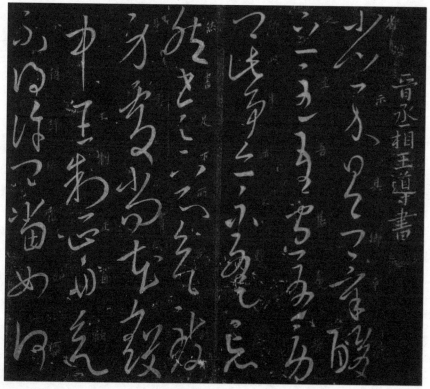

▲东晋·王导《省事帖》（局部）

王敦手握兵权，日渐专横，引起了晋元帝司马睿的不满，他重用刘隗、刁协等亲信，进行军事部署以防备王敦。公元322年，王敦以诛杀刘隗的名义从武昌起兵，攻占建康城，杀死了戴渊、刁协等人，而刘隗逃亡投奔了石勒，司马睿则成了傀儡皇帝，不久忧愤病死，太子司马绍登基为帝。公元324年，王敦忌惮周氏的势力，开始图谋除掉周氏，于是他联合了另一个江东大族沈氏，诬告周札等图谋叛乱，让沈充出兵袭击，消灭了周氏一族。王敦权势日盛，有了篡位的野心。晋明帝司马绍得知了王敦的谋划，下令讨伐王敦。王敦实际上并没有得到琅琊王氏的广泛支持，负责讨伐王敦的正是另一位王氏的重臣王导。没过多久王敦病死，叛军也迅速溃败，王敦叛变平息后，琅琊王氏的地位也并未被动摇，继续执掌大权。

公元325年，晋明帝司马绍死去，其子司马衍继位，是为晋成帝。司马衍年幼，由舅舅庾亮和王导等人辅政。当时将军苏峻参与讨伐王敦有功，率军驻守江北，庾亮想要夺取苏峻的兵权，于是苏峻以讨伐庾亮为名叛变，攻破了建康城，大肆劫掠。坐镇荆楚之地的陶侃出兵消灭了苏峻，收复了建康。公元334年，名将陶侃去世，庾亮接替了陶侃镇守武昌。公元339到340年，王导与庾亮先后去世，庾亮的弟弟庾翼继续执掌荆州，与其兄长一样有北伐的意图，然而筹备北伐没多久，庾翼便在公元345年病死，接管兵权的是东晋名将桓温。桓温是晋明帝的驸马，与庾翼交好，曾参与了庾翼的北伐，他上任荆州都督后就率军进攻蜀地的成汉政权。

成汉政权由氐族的李氏建立，李氏在曹操攻克汉中时归附曹操，

因此李氏成了西北地区的名门大族。西晋时期，西北地区的氐族人齐万年造反，大批百姓流入巴蜀，李氏一族也在其中。当时益州刺史赵廞（xīn）造反，李特等人依附于赵廞，赵廞任命李特的弟弟李庠（xiáng）为将军来领兵，然而李庠深得人心，引起猜忌，大臣又进言李庠"非我族类，其心必异"，赵廞便找了个理由杀了李庠。后来李特领兵攻占了成都，赵廞逃亡时被杀。西晋派出罗尚率兵进入蜀地，李特兄弟因讨伐赵廞有功被封为将军，朝廷又下令召回那些进入巴蜀的流民，

▲清·汤铭《司马绍墓志》

031

▲成汉賓人陶俑

流民们不愿离开而依附于李特，西晋朝廷军队便进攻李特，但被李特击败。李特开始割据一方，后被西晋的罗尚领兵击杀，其子李流、李雄相继继承了李特的部众。公元304年，李雄在成都称王，公元306年称帝，定国号为大成。李雄在位31年，李雄死后李班、李期相继继位。公元338年，李雄的堂弟李寿杀了李期自立为帝，将国号改为汉，因此这一政权被称为成汉。

桓温北伐时，成汉的皇帝是李寿的儿子李势，桓温进军蜀地，一路打到了成都，李势出逃后又向东晋投降。公元349年，成汉的残存势力被扫清，正式灭国。

桓温平定蜀国时声望极高。割据北方的后赵政权在石虎去世后陷入混乱，东晋有望统一全国，而桓温也希望北伐，但他的北伐请求被拒绝。东晋派出了殷浩进行北伐，但殷浩并不擅长用兵，北伐失利后遭桓温弹劾被罢免，于是北伐的重任回到桓温手中。公元354年，桓温北伐的第一个对象是苻氏的前秦，然而粮草供应不足，前秦采取了坚壁清野的方式，迫使桓温退兵。公元356年，桓温第二次北伐，他选择进攻盘踞河南的羌族酋长姚襄，收复洛阳及北方许多故土，然而桓温撤军后这些地方又相继失守，落入了在北方与前秦争雄的前燕政权手中。公元369年，桓温第三次北伐，进攻前燕，伐燕前期东晋军占据上风，迫近了前燕的首都邺城，前燕派出了慕容垂指挥部队迎击晋军。桓温孤军深入，粮食供应不上，最终遭受慕容垂的重创，狼狈败退，所收复的领土再度失陷。北伐失败的桓温自行废立皇帝，还想篡权夺位，但因年迈，还没来得及称帝就病死了。

士　族

东汉以后在地主阶级内部逐渐形成的世家大族。在政治、经济各方面都享有特权。士族制度于南北朝时最盛，至唐末渐趋消亡。

淝水之战：前秦的崩溃与北方的再分裂

桓温死后，其弟桓冲继承了他的职位，镇守荆州。谢安则培养了"北府兵"，北府兵主要由北方南下的侨民组成，当时东晋皇帝是年幼的司马曜，朝政实际上由陈郡谢氏所掌控。公元383年，苻坚在统一北方的情况下，亲自率领大军入侵东晋，苻坚的大军号称足以投鞭断流。东晋方面以谢石为大都督，以谢玄为先锋，领兵抗击秦军，而晋军的主力正是谢玄所率领的北府兵。

前秦的先头部队由苻融率领，苻融渡过淮河攻陷寿阳，而苻坚也将大

▲谢玄像

部队留在了后方迅速赶往寿阳。谢玄派出刘牢之率五千精兵袭击并重创了秦军，谢石率晋军水陆并进，而苻坚在寿阳城观察敌情时看到了精锐的晋军，大为惊惧，甚至把八公山上的草木都看成了晋军，这也是"草木皆兵"典故的来源。苻坚派出了原属东晋的降将朱序去劝降晋军，希望凭借军队的数量来迫使谢石等人投降，然而朱序却建议谢石趁秦军未集结完成的时候率先进攻，于是东晋军与前秦军在淝水两头对峙准备决战。谢玄派出使者，建议逼近淝水的前秦军稍稍后退，以便于让晋军渡江进行决战，而苻坚、苻融也同意了晋军的要求，他们想趁东晋军渡河到了一半的时候进攻。然而秦军一后退就阵势大乱，苻融试图重整阵型，却因从马上掉了下来而被杀，前秦军队溃败，死伤惨重，苻坚也中了箭逃了回去。

取得淝水之战的胜利后，东晋扩大战果进行北伐，在西边收复了益州、梁州以及荆州的重镇襄阳。谢玄北伐将领土扩大到了黄河以南，然而东晋皇室忌惮谢氏，以征战已久为由让谢玄撤军，所收复的领土再度失陷。

苻坚逃亡后，由慕容垂率军护送回去。慕容垂当时正进攻他处，故而没有参与淝水之战，军队没有损失。慕容垂的儿子和弟弟都劝他乘机取代了苻坚，然而慕容垂因苻坚对其有恩而没有落井下石。

回国后，慕容垂借故离去，到了前燕故地河北，开始了复国行动。公元384年，慕容垂自称燕王，建立了后燕政权。苻坚身处长安，慕容泓与慕容冲兄弟起兵攻打苻坚，建立了西燕政权，他们是前燕亡国之君慕容暐的弟弟，慕容垂是他们的叔父。慕容暐在前燕灭亡后得到苻坚厚待也同在长安，在慕容氏起兵之后，慕容晖密谋欲杀害苻坚，最终被苻坚杀死。同时，苻坚另一位部下羌族的姚苌也自立为王，建立了后秦政权。公元385年，由于长安被慕容冲包围许久，城内已无粮草，百姓死伤无数，一片混乱，苻坚最终选择出逃，却被姚苌俘获后杀死，前秦至此名存实亡。公元394年，苻坚的族孙苻登被姚苌的儿子姚兴击杀，苻登儿子苻崇西逃被杀，前秦政权最终灭亡。

风声鹤唳

出自《晋书·谢玄传》，形容惊慌失措，或自相惊扰。公元383年，前秦皇帝苻坚组织80余万大军，南下攻打东晋。东晋王朝派谢石为大将，谢玄为先锋，带领8万精兵迎战。淝水之战战败后，苻坚的军队听到风声以及鹤的叫声，都恍惚以为是追兵的动静，纷纷逃命。

北方分裂到北魏的统一

前秦溃败后，北方建立了许多的割据政权，陷入了四分五裂的局面。慕容垂建立的后燕是中原地区最为强盛的王国，而西燕政权内乱不断，慕容泓和慕容冲先后被杀，政权后来落入了慕容永手中。而当时鲜卑族的拓跋氏崛起，在公元386年，拓跋珪（guī）建立了北魏政权。拓跋氏本来与后燕政权交好，后来两国绝交，拓跋珪联合西燕对抗后燕。公元394年，慕容垂灭了西燕，杀死慕容永，随后开始进攻北魏。太子慕容宝出师不利，惨败于参合陂。慕容垂在弟弟慕容德建议下，慕容垂决定亲征北魏。这时候慕容垂已经 70 岁了，他进军突袭平城，杀死了拓跋珪的弟弟拓跋虔。后慕容垂来到了燕军惨败的参合陂，见尸骨成山，心中惭愧愤恨，撤兵途中病发身亡。

慕容垂死后，后燕政权陷入混乱，拓跋珪长驱直入中原地区，北魏政权到了拓跋珪的孙子拓跋焘时期完成了北方的统一。北方的十六国时期，从公元 304 年刘渊建立前赵起，到公元 439 年拓跋焘灭北凉而结束。与此同时，南方的东晋王朝已经被刘宋王朝取代，中国历史进入了南北朝时期。

贾思勰与《齐民要术》

古代著名农学家贾思勰是北魏到东魏时期的人，曾经出任高阳太守。贾思勰在公元 533—544 年间写成的《齐民要术》，是我国现存最古老、最完整的一部农学著作，全书共 10 卷 92 篇，约 11 万字。贾思勰在《齐民要术》中系统总结了公元 6 世纪前黄河中下游地区的农业和畜牧业生产经验，整理了一百多种古书中的农业知识，又结合了农民的生产经验和自己的生产实践，来证明并丰富这些知识与经验。

南北朝时期

刘宋代晋

东晋虽然取得了淝水之战的胜利，但内部矛盾重重，在最后的几十年里内乱不断，孙恩、卢循所领导的农民起义，以及桓玄的谋反，使得东晋政权走向了末路。而北府兵将领刘裕在内起兵平定孙、卢起义，消灭了桓氏，对外则北伐消灭了南燕以及后秦政权，掌控了东晋政权。公元 420 年，刘裕代晋自立，定都建康，国号为宋，结束了东晋王朝。

刘裕称帝两年后去世，继位的太子刘义符因昏庸而被辅政大臣废黜杀害，刘义隆被立为新帝。刘义隆诛杀废立皇帝的权臣，牢牢把控朝政。宋文帝刘义隆的年号为元嘉，而他执政期间国家比较安定，经济得到了恢复，开创了魏晋以来最好的社会风气，因此被称为"元嘉之治"。然而刘义隆在军事上能力不

▲ 刘裕像

▲萧道成像

如其父刘裕。辛弃疾的名篇《永遇乐·京口北固亭怀古》写道，"斜阳草树，寻常巷陌，人道寄奴曾住。想当年，金戈铁马，气吞万里如虎。元嘉草草，封狼居胥，赢得仓皇北顾"。寄奴便是刘裕的小名。相比于刘裕北伐的赫赫战功，刘义隆的北伐并没有多少成果。公元453年，刘义隆想废掉太子刘劭（shào），反而被刘劭杀死，随后刘氏内部相互残杀，最终刘骏杀死了兄长刘劭后登基为帝。刘骏统治期间还杀死了自己的四个弟弟，刘宋政权后期，皇室内部不断骨肉相残，陷入了极度的混乱之中，致使淮河以北的守将纷纷投降北魏，失去了大片领土。公元479年，手握兵权的将军萧道成迫使自己扶持的皇帝刘准禅位，萧道成称帝，改国号为齐。

萧齐与萧梁

萧齐是南朝四个朝代中最短命的，萧道成在位四年后死去，其子萧赜（zé）继位。萧赜的太子早逝，而他在继承人问题上犯了大错误，将太子的儿子萧昭业作为继承人。萧昭业昏庸无能，在萧赜死后，萧昭业只当了一年皇帝，就被萧鸾所废，另立其弟萧昭文为帝，不过不久后萧鸾便废掉了萧昭文，自立为帝。萧鸾是萧道成的侄子，他在位时期杀害了大量的皇室，几乎杀光了萧道成和萧赜的后人。萧鸾死后，

▲萧衍像 清·姚文瀚《历代帝王像》

他的儿子萧宝卷也继承了他的作风，继续诛杀大臣和宗亲。萧懿助萧宝卷平叛后，也被萧宝卷杀死，于是萧懿的弟弟萧衍起兵，他推举萧宝卷的弟弟萧宝融为帝，攻占国都建康城，手下部将杀死了萧宝卷。公元502年，萧宝融被迫禅位于萧衍，萧衍正式称帝，定国号为梁。萧齐仅仅存在了23年时间。

梁武帝萧衍出身兰陵萧氏，也是萧齐皇室的亲族。萧衍是南朝在位时间最长的皇帝，统治时长达到47年。萧衍对待宗室的做法与萧齐皇帝们形成了两个极端，他放纵宗室和大臣敛财犯法，而他自己却生活简朴。他勤于政务，但却刚愎自用，喜欢听信谗言。萧衍晚年，东

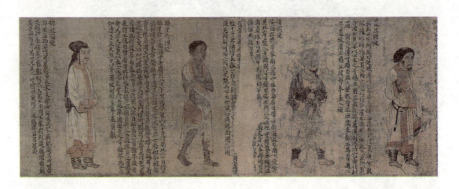

▲南朝梁·梁元帝萧绎《职贡图》。此图记录了前来南梁朝贡的当时各个小国的人物形象，上面有金发碧眼的波斯胡人，也有浑身只披一块白布的黑人，因此，这不但是艺术史上不可多得的一件珍品，更是研究中国古代朝贡史极为珍贵的一份资料

魏的将军侯景叛变来投奔萧衍，萧衍接受了侯景，并派兵配合侯景对东魏作战，然而被东魏军击溃。而后萧衍与东魏进行和谈，条件是将侯景遣送回东魏，这导致了侯景再度反叛。在侯景攻占了梁都建康后，虽未直接杀掉梁武帝萧衍，但却对其不闻不问，最后将其活活饿死。侯景之乱使得萧梁政权走向了崩溃。公元557年，在讨伐侯景时发展起来的陈霸先迫使梁帝萧方智禅位，结束了萧梁政权，陈霸先定国号为陈，而陈朝也是南朝的最后一个朝代。

北魏的分裂

北魏王朝在拓跋焘时期统一了北方，与南方的刘宋政权对峙。拓跋焘之后的北魏皇帝们相继进行改革，其中改革最为突出的是孝文帝拓跋宏。拓跋宏重视汉化，在改革中推行彻底的汉化政策，甚至放弃了鲜卑的拓跋姓而改为汉姓，更名为元宏。孝文帝的改革促进了民族融合，然而北魏政治腐败的现象没有改善。到了孝文帝的孙子元诩时期，爆发六镇起义。六镇指的是北魏设在北方的六个军事据点，早期地位很高。在孝文帝迁都洛阳之后，六镇的重要性下降。粮草的短缺、朝廷对这里的剥削以及复杂的阶级矛盾使得这里十分不稳定。公元523年，六镇镇民起义，起义军尽占六镇，北魏联合柔然一起镇压了六镇起义。六镇起义失败后，北魏将"六镇降户"迁往河北，然而又因饥荒而再度爆发起义，四处爆发的起义使得北魏政权走向了末日。

在混乱的局面中，尔朱荣趁机招兵买马，在参与镇压起义中发展

▲洛阳龙门石窟（局部），中国三大石窟之一，开凿于北魏孝文帝年间

为一个大军阀。孝明帝元诩幼年登基，北魏由胡太后摄政，而元诩长大后不满胡太后的强势作风，胡太后竟毒杀了亲儿子元诩。于是尔朱荣以为元诩报仇为由发兵洛阳，将胡太后及新帝元钊投入黄河杀死，他还杀死了朝中百官二千余人，从而控制了北魏朝政。后来尔朱荣被自己所拥立的皇帝元子攸诱杀，但尔朱氏势力仍旧强大，又杀了元子攸。公元531年，晋州刺史高欢攻占洛阳，随后又消灭了尔朱氏的势力。高欢先是立元修为皇帝，元修不甘于做傀儡而与高欢对抗，最终放弃了洛阳，向西投奔宇文泰。于是高欢另立元善见为帝，并迁都邺城，迁都邺城的魏朝被称为东魏。而在西边，宇文泰同样只想把元修当成傀儡皇帝，不甘心的元修终被毒杀。宇文泰拥立元宝炬为帝，定都长

安的魏朝被称为西魏。东魏和西魏都只是短暂的过渡政权。公元550年，高欢的儿子高洋迫使元善见禅让，正式称帝，建立了北齐政权。西魏政权则结束于公元557年，拓跋廓禅位于宇文觉，北周政权建立。

北周与北齐

在北魏政权结束后，北方又进入了东边的高氏和西边的宇文氏争雄的局面，双方一开始都拥立了一位拓跋氏的皇帝，而后又废帝自立。在东、西魏时期，高欢就一直试图兼并西魏，然而连战不利，打了许多败仗，忧愤成疾，最终病死。高洋建立北齐后，与西魏保持了和平状态，而南方的萧梁因侯景之乱而被削弱，因而北方两国都开始进攻萧梁。北齐早期向南将疆域扩张到淮南地区，国力比较强盛。但北齐的皇帝都比较短寿，在高洋死后，高殷、高演、高湛、高纬等人相继继位，这几位皇帝死去的年龄分别是16岁、26岁、32岁、21岁，他们或病死或被杀死，这导致了北齐政局的不稳定。

北周的宇文氏，为鲜卑族宇文部，在慕容氏的政权中出仕，后来北魏消灭了后燕政权，他们又依附于北魏。在六镇起义失败后，六镇饥民被移到河北，宇文肱一家也在其中，宇文肱也参与到了河北饥民起义中。后来宇文肱战死，其子宇文洛生和宇文泰追随另一位起义军领袖葛荣建立战功。之后葛荣被尔朱荣击杀，宇文洛生也被尔朱荣杀害，而宇文泰被尔朱荣的部将贺拔岳收编。宇文泰转而成为政府将领，凭借镇压起义有功而扩大了自己的影响力。高欢消灭了尔朱氏之后，

▲北齐·杨子华《北齐校书图》(宋摹本残卷画芯)。图卷所画的是北齐天保七年(公元556年)高洋命樊逊和文士高干和等11人负责刊定国家收藏的五经、诸史的情景

▲宇文邕像　唐·阎立本《历代帝王图》

宇文泰随贺拔岳进入关中，在贺拔岳死后接管了他的部众，据有了关陇地区。后来北魏孝武帝元修投奔宇文泰，被宇文泰毒杀，宇文泰扶持了元宝炬为傀儡皇帝。宇文泰死后，其子宇文觉继位，而宇文觉年幼，实际掌权的是宇文觉的堂兄宇文护。宇文护霸道专政，先后杀死了宇文觉、宇文毓两位皇帝，最终被周武帝宇文邕诛杀。宇文邕统治时期，北周国力渐强，而北齐政局混乱。公元 577 年，宇文邕攻灭北齐，再度完成了北方的统一。这次统一为接下来的全国统一奠定了基础，南北朝时期的漫长分裂也终于接近了尾声。

杨坚统一与南北朝的结束

宇文邕统一北方后不久就病死了，年仅 35 岁。宇文赟无能，继位为帝后又杀死了屡立战功的叔父宇文宪。宇文赟纵情酒色，滥杀大臣，后来又将皇位传给了年仅 6 岁的儿子宇文阐。宇文赟 20 岁就当上了太上皇，还立了 5 个皇后，21 岁就病死了。于是大权落入了宇文赟皇后杨氏的父亲杨坚手上。杨坚父亲杨忠跟随宇文泰起兵，成为西魏十二大将军之一，到了北周时被封为随国公。杨坚继承了杨忠的随国公爵位，在女儿嫁给皇帝宇文赟后，执掌了北周的军权。宇文赟死后，杨坚更是大权在握，陆续杀死了北周诸王，给自己改朝换代清除了障碍。公元 581 年，宇文阐禅位于杨坚，杨坚定国号为隋，北朝就此结束。

陈霸先建立的陈朝，经过陈霸先叔侄的经营，击退了北齐、北周的军队，巩固了江东政权，但也仅能偏安于江南一隅。在北周伐北齐

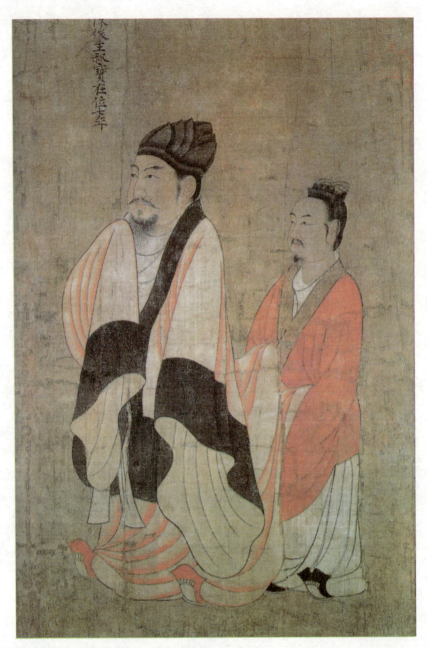

▲陈叔宝像　唐·阎立本《历代帝王图》

时，还联合了陈一同攻齐，而在北周灭齐后陈朝仍想北伐，但不敌北周军队。而北周统一北方后也准备消灭陈朝政权，这期间宇文邕病死，北周政局动荡不安，于是陈朝又存续了十年。陈后主陈叔宝是个荒淫奢侈的皇帝，陈朝到了他手上国力已然衰微。杨坚在取代北周建立隋朝后，于公元588年，派晋王杨广领兵攻打陈朝。次年隋军攻入陈都建康，生擒了陈叔宝，陈朝灭亡。自此隋朝完成了统一，南北朝时期结束了。

杨坚代周

杨坚登场

隋朝的勃兴与发展离不开北周（公元557—581年）打下的坚实基础。北周政权衍生于东、西魏争霸战争。西魏宇文泰去世后不久，其侄子宇文护拥立宇文泰之子宇文觉称帝，建立了北周，定都长安。在第三位皇帝北周武帝宇文邕（yōng）的统领下，北周一方面整理内政，罢斥佛教，扩大农业生产，增强国力；一方面加强军事训练，提高军队战斗力，在与北齐的较量中迅速占据了上风。北周武帝南征北讨，最终击溃北齐主力，俘虏了"无愁天子"高纬，北齐灭亡，北周重新统一了中国北方，这一年是公元577年。

正当宇文邕调转兵锋准备消灭南陈时，却突然患了重病，英年早逝。继承皇位的北周宣帝宇文赟（yūn）是一个暴君，暴虐荒淫，弄得朝堂之上人人自危，导致了政局动荡。好在宇文赟很快将自己折腾死了，政权落入北周静帝的手中，但他只是一个十岁的孩子。

在内政不稳、外有强敌的环境下，北周朝廷的局势并不稳定，皇帝的位子也受到了旁人的垂涎，其中杨坚是最主要的代表。杨坚是杨

▲隋文帝像　唐·阎立本《历代帝王图》

忠的嫡长子。杨忠是跟随北周创始人宇文泰多年的老臣，是关陇贵族的核心成员，被封为随国公。杨坚长大成人之后，担任过很多重要的职位，杨忠死后，杨坚更是继承了父亲的爵位，为北周朝廷屡立战功，成为北周朝廷的核心人物。北周武帝更是为自己的儿子宇文赟选聘了杨坚的女儿作为太子妃，杨坚与皇帝成了儿女亲家，身份更为显赫。武帝驾崩之后，宣帝宇文赟继位，杨坚的女儿成为皇后。

因为杨坚在朝廷中有巨大的影响力，所以北周宣帝对他非常不满，多次想杀了杨坚，但是都没有成功。在宣帝驾崩之后，杨坚展露出改朝换代的心思。他以皇帝外公的身份辅政，出任大丞相一职。出掌朝政后，他利用高明的政治手法打击朝堂上的对立阵营，平定了地方上忠于北周皇室的尉迟迥（yù chí jiǒng）、司马消难、王谦的联合起兵，清除了在野的北周藩王势力，排除了自己篡位的最后障碍。公元581年，北周静帝被迫禅位给了杨坚。杨坚称帝，改元开皇，国号隋。中国历史上威名赫赫的隋朝由此建立，杨坚就是隋文帝。

隋朝初期的制度与改革

隋朝建立之后，杨坚迅速改变了北周后期刑罚苛酷的政策，以宽和的政治举措治理国家。同时，杨坚任用高颎（jiǒng）等有能力的大臣，努力推行改革，朝堂风气出现了很大变化，展现出新兴王朝的勃勃生机。

在改革过程中，杨坚努力减少鲜卑族与汉族之间的矛盾，建立起较为平等、和谐的民族关系，让老百姓都能享受相对公平的权利。同时，杨坚以加强中央集权为目的积极改革中央官制，废除了三公九卿制，开始实行五省六曹制。五省六曹制让权力集中到了中央政府，各个部门之间又互相牵制，这样不仅提高了官员的办事效率，还可以有效地防止官员权力过大的问题。

土地和农民问题是直接关系封建王朝长治久安的一个重大议题。在土地制度方面，杨坚继续按人口分配土地，积极推广"均田制"，并在推广过程中尽可能保护农民利益不受侵害，从而让更多的农民获得了土地所有权。均田制是一种按人口分配土地的制度，并不是隋朝的首创，而是从北魏时期就开始实行了。

杨坚下令推行"大索貌阅"制，大索貌阅是严密清查户口的一项措施，还对户籍人数进行清查，以了解国家真实的人口情况。通过对人口的清查，朝廷扩大了税收来源，增强了经济收入。为了让老百姓安居乐业，杨坚还在大臣的建议下多次减免税费，轻徭薄赋，鼓励老百姓种植庄稼，稳定经济发展。在国家经济实力不断提高的同时，隋朝政府还试图增强农民的种粮积极性，并努力为农民设立常平仓、义仓，丰年贮存粮食，在老百姓收成不好的时候提供帮助。

隋文帝为了推动国内经济的复苏，还改革币制，铸造标准的五铢钱（又称开皇五铢），统一度量衡，尽力将全国

▲隋朝五铢钱

市场统合起来，改变地方势力各行其是的现实状况，加强中央集权。

为了使百姓能够了解国家的法律，隋文帝还委派苏威等人编纂了《开皇律》，命令大臣们借鉴魏晋南北朝各代法律的优点。公元581年，门类齐全的成文法典《开皇律》完成了，从法律角度对社会生活的各个方面做出了规定，社会风气在法律约束下出现了一定的转变。

随着国家实力的提升，杨坚试图出兵对付塞外的突厥并消灭南方的陈朝，完成国家的统一。为了达成目标，隋文帝在稳定府兵制这一根本军事制度的前提下，不断进行军事改革，加强军队的军事训练，增强军队的战斗力，为统一全国做好了准备。

在隋朝君臣的不懈努力下，在很短的时间内，国家出现了百业兴旺、经济繁荣、民生富庶的盛世景象，全国统一的大幕逐渐被拉开。

五省六曹制

五省为内史省、门下省、尚书省、秘书省和内侍省。六曹则是指吏部、度支部（户部）、礼部、兵部、都官（刑部）、工部，这几个部门归尚书省管辖。

平灭南陈

陈朝的建立

早在高欢与宇文泰在北方争夺霸权的同时，南方的陈霸先也在积蓄力量，试图消灭竞争对手，取代因侯景之乱而元气大伤的梁朝。

陈霸先出身低微，年少时为了吃口饱饭，干尽苦活累活。成年之后，陈霸先为了改变命运，投身军队并屡立战功，成了一名出色的将军。侯景之乱中，他审时度势，从岭南起兵，支持梁元帝萧绎，发动多次战争，最终消灭了侯景。之后，陈霸先为了当上皇帝，在打击朝堂反对势力的同时，东征西讨，平灭了各地诸侯，最终建立了陈朝。

受到侯景之乱的影响，陈朝疆域狭小，仅保留长江下游的统治区域，形势逼仄。陈霸先一面笼络江南大族，恢复南方经济，一面整军经武，抵御北方强敌。陈霸先死后，继任的几位君主大力革除南梁奢侈之风，奉行轻徭薄赋的政策，同时还继续注重对江南地区的开发，劝课农桑，兴修水利，使江南社会经济得到一定的恢复。

陈朝最后一位皇帝陈后主是一个艺术家，在诗歌和音乐上有着很高的造诣。不过，他并不是一位合格的帝王。陈后主继位后，荒废朝政，贪酒好色，宠信小人，醉心诗文和音乐。在陈后主的影响下，《玉树后庭花》这样的靡靡之音在陈朝朝野广泛流传。为了保持奢靡的生活，陈后主君臣加强了对江南百姓的剥削，赋税繁重、法律残暴、贪污盛行，达官贵人沉迷享乐，平民百姓却只能忍饥挨饿。政治的腐朽和社会的不公引起了江南民众的不满，各地农民起义不断，敲响了陈朝的丧钟。此外，陈后主对长江天堑抱有不切实际的幻想，认为长江能够阻挡北方军队的进攻，因此不修战备，军队战斗力持续下降，出现一派亡国景象。

隋朝灭陈

与陈朝皇帝荒淫无能的情况不同，杨坚建立隋朝后励精图治，使隋的政治、军事和经济力量日益壮大，在国力上完全形成对陈朝的碾压，隋强陈弱的格局使隋朝灭陈统一全国的条件逐步具备。

经过几年的积极筹备，杨坚制定了先北后南的统一方略，先是以政治与军事并行的手段击败了突厥，促使其分裂为东突厥与西突厥，迫使分裂的突厥分别与隋朝求和，从而巩固了战略后方，解除了南征陈朝的后顾之忧。接着，杨坚于公元587年消灭了盘踞在江陵（今荆州）的附属国西梁，与陈朝军队隔长江对峙。为了确保灭陈大业万无一失，隋朝还派出大批间谍潜入陈朝境内，进行骚扰活动，破坏陈朝的社会经济活动，继续削弱陈朝的国力。

公元589年，时机终于成熟了，杨坚果断决定派兵南下攻灭陈朝。由晋王杨广统帅51万大军，水陆并进，直指建康。四川方面的隋军也在大将杨素的带领下，顺江而下，沿途击败了陈朝的江防部队，不断占领军事要地。长江以北的隋军则在韩擒虎、贺若弼两位将军的指挥下渡过长江，围攻陈朝首都建康。羸弱的陈朝军队无法抵挡隋朝的虎狼之师，加上缺乏战争准备，军无斗志，陈军稍作抵抗之后便溃不成军，全线崩溃。

面对危急的处境，陈后主束手无策，只能哭哭啼啼地准备和心爱的妃子逃命，不过对手并没有给他这样的机会。隋军在顺利瓦解陈军的抵抗之后，迅速攻入建康城，对陈后主展开了全城搜捕，最终在皇宫的一口枯井里俘虏了正与宠妃瑟瑟发抖的陈后主，偏安江南一隅的陈朝宣告灭亡。

之后，隋军继续扫清陈朝地方上的反对势力，将岭南等地重新纳入版图，完全平定了江南。至此，杨坚仅花费几个月的时间就结束了自西晋末年以来近三百年南北分裂的局面，完成了全国统一，一个新的大一统时代到来了。

推行科举

完成全国大一统之后，杨坚并没有仿照当年的秦始皇严刑峻法、兴建宫室、四处巡游，而是把更多注意力转移到巩固自身的统治上。巩固统治需要大量的人才，而如何选拔人才，将更多的社会精英纳入政府的囊中成为杨坚迫切想要解决的问题。

自魏文帝曹丕采纳尚书令陈群意见采用"九品中正制"作为选拔任用官员的主要办法后，家世门第逐渐成为考评官员、决定官员升迁的主要标准。门阀士族凭借政治特权，垄断仕途进而执掌朝政，产生了所谓的"下品无高门，上品无寒士"的社会现象，在东晋时期甚至出现了世家大族与皇帝分享最高统治权的"王与马，共天下"的情形。

在这样的选官制度下，出身豪门而平庸无能的人也能够世世代代出任高官，来自庶族、身世平平的有识之士却只能担任下级官员。如此人为地隔断下层人士的上升渠道的做法，引发了人数众多且经济实力日渐增强的庶族地主士人群体的强烈不满。与此同时，世家豪门累居高位，与皇帝共同分享治理国家的权力，也让试图塑造绝对皇权的隋文帝无法容忍。

社会舆论的转变、庶族地主士人的支持、皇帝加强皇权的需求共同汇聚成改革选官制度的强大合力。破除士族门阀政治，建立统一的中央集权官僚体制势在必行。同时，门阀士族因为自身走向腐朽，在政治经济方面开始走下坡路，而这也让改革有了更好的外部条件。

为了实现官制改革，加强中央集权的目标，杨坚废除了传统的州郡辟举制和九品中正制。同时，杨坚还广开言路，征求朝野对于选官制度的看法和意见。最终，在权衡利弊之下，杨坚选择了科举制作为选用人才的途径。

开皇十八年（公元598年）杨坚颁布诏令："京官五品以上，总管、刺史，以志行修谨、清平干济二科举人。"这道诏令的意思就是国家命令五品以上京官与地方长官，在综合考虑人才的志向、品德、操行和能力的基础上，向中央政府推荐德才兼备的有才之士。由各级官员举荐的人才由中央政府派人进行考试和考核，考核合格后再根据人才的不同特点和能力安排到适合的位置做官。如此一来，庶族地主跻身仕途的大门终于被打开，越来越多的贫寒之士获得了展现自身能力和抱负的机会，隋王朝和杨坚也得到了这些士人的衷心拥护。

在杨坚以两科选用人才的基础上，隋炀帝杨广进一步改进选官制度。公元606年，杨广开办进士科，鼓励天下读书人参加考试，从制度层面正式建立了通过考试选用官吏的渠道。科举制有别于之前的选官制度，最显著的特点就是参与选官者均需要参加考试，只有成绩合格和优秀者才有机会经吏部的甄选而得到官位。这种用考试来衡量人才、选拔人才的方式显然比先前的举荐制度更为公平。

隋文帝和隋炀帝开创的科举制度虽然在当时社会环境的影响下未能真正实现广纳贤良的目标，也没有挽救隋朝二世而亡的历史命运，

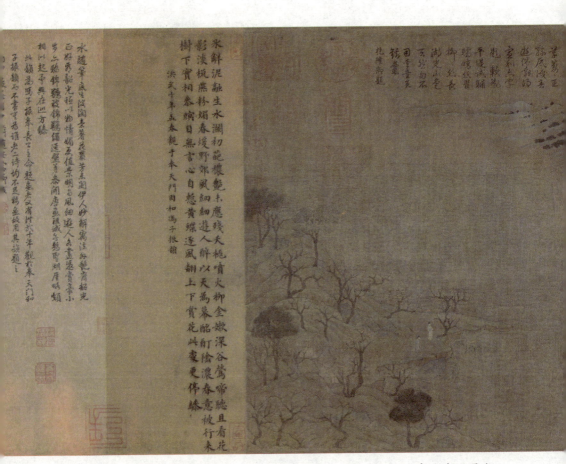

▲隋·展子虔《游春图》。为现存最古的卷轴山水画，代表了中国早期山水画的面貌

但这种新制度的产生影响深远，不仅推进了政府选官机制的公平性，还大大提升了政府的办事效率，更扩大了政府的统治基础。中国历代封建王朝在隋朝科举制的基础上，不断对科举制的内容加以改进和完善，金榜题名逐渐成为普通百姓教育子弟的共同目标。在隋朝至清朝的1300多年间里，科举制一直是中国最主要的选官方式，直到清末新政时才被彻底废除。作为一项对中国政治运作、教育模式、文化心态起着关键作用的选官制度，隋文帝、隋炀帝的开创之功不应被世人遗忘。

兴修大运河

营建东都

公元 604 年，隋文帝杨坚去世了，太子杨广继承了皇位，登基称帝，史称隋炀帝。登基之后，杨广迫切地希望建功立业，他整理内政、压制权贵豪强、强化选官制度、不断进行军事征伐，逐渐成为一个独断专行的暴君。

杨广还大兴土木，一登基便扩建大兴城，营建东都洛阳。建筑大师宇文恺按照杨广的喜好，将洛阳城修建得华美异常，各地的奇材异石、天下珍宝被源源不断地送进了洛阳城。其中，用作殿柱的木材就需要上千人拉运。工程的宏大意味着需要大量的人力，据史料记载，每个月"役丁二百万人"。另外，隋炀帝还命人在洛阳西部营建了专供皇帝消遣和游玩的显仁宫和西苑，并把原来洛阳城内的居民及富商大贾等数万户都迁移到了新城。同时又在洛阳城内外营建了许多仓库，藏储粟帛、食盐等。

大业二年（公元 606 年）正月，东都洛阳的新城正式竣工。

工程的紧迫，使得民夫们不得不日夜赶工，因此怨声载道，这也

▲隋炀帝像　唐·阎立本《历代帝王图》

为隋朝的灭亡埋下了伏笔。

修建大运河

由于隋朝定都长安，狭小的关中地区集聚了大量的官僚和军队，加上隋炀帝不断地进行大规模建设，本地的物产资源很难满足中央政府的需要。为了满足工程建设以及官员和军队日益增长的消费需求，杨广试图将全国资源更好地凝聚到关中和洛阳地区，日渐富庶的江南地区成为重要目标。

公元 605 年，隋炀帝决定开凿一条以洛阳为中心的大运河。

在兴修大运河的过程中，杨广在全国范围内征发了上百万民夫。这些民夫因为长时间、超负荷的劳动和恶劣的待遇，再加上生病时没有得到有效的救治，无数人死于劳累和鞭笞，甚至有超过一半民夫死在了运河工地上。在这种惨烈的施工环境下，一条南起余杭（杭州），北至涿郡（北京），主要由永济渠、通济渠、邗沟、江南河组成的大运河顺利竣工（其中邗沟为春秋末期吴国夫差组织开挖），加上密布的支流，形成了自成体系的运河水网。作为一项伟大的水利建筑工程，大运河全线贯通之后，沟通海河、黄河、淮河、长江、钱塘江五大河流及其流域，全长 1747 千米，促进了中国南方与北方之间的交流，并将作为全国政治军事中心的中原地区与逐步成为经济重心的江南地区紧密连接在一起，使隋王朝内部不同区域之间的隔阂逐步消失，在事实上走向完全统一，统一多民族国家的大一统政治格局得到再次确立。同时，运河沿线的杭州、开封、洛阳等城市也由于运河的通航而获得了持续发展，其中，扬州更因为大运河的完工，成为南北水道的重要枢纽，迅速从区域小城发展成为通都大邑，经济繁荣程度跃居全国前列。

开凿大运河是一件利在当时、功在千秋的伟大举措，也是一项可以比肩秦长城的伟大工程，为后人带来的是受益千年的社会经济效益，给中华民族带来的则更多是国家统一和文化融合。2014 年 6 月 22 日，中国大运河成功入选世界文化遗产名录，其历史文化价值得到了全世界的认可。

罄竹难书

形容罪行多得写不完。出自《旧唐书·李密传》。隋炀帝杨广因为残暴的统治，引起了人民的反抗，其中最著名的就是李密领导的瓦岗寨起义。李密写了一篇历数杨广罪行的檄文，其中说哪怕把南山的竹子都做成竹简也写不完杨广的罪恶。所以这个成语被用作形容人作恶太多，记录不完。

隋末农民大起义

隋文帝杨坚在位时，励精图治，崇尚节俭，努力发展生产，进行了一系列改革，使得中国很快走出三百多年大分裂带来的阴影，民生富庶，百姓安居乐业，政治清明安定，民族关系和谐，对外交往密切。国家进入了太平盛世，中国的声威传播到西方。杨坚执政的这段时期被后人称为"开皇之治"。

隋炀帝杨广继位后，享用着父亲留下的巨大政治和经济遗产，营建了东都洛阳城，修缮长城，开凿大运河，修筑驰道，各种大型工程接连不断，耗费了大量的人力和物力，大大加剧了老百姓的负担。

为了满足自身享乐的欲望，杨广还多次巡游四方。公元605年，他乘坐龙舟沿刚刚修好的通济渠到扬州游玩，公元607年，又对隋朝北方的疆土进行了巡视。杨广的巡游北至东北，西逾张掖，南至江东，足迹遍布大半个中国。无节制的巡游活动需要征发大量的劳役，因此给沿线百姓带来了巨大的负担，并耗费着大量的国家财富。

同时，隋炀帝积极开疆拓土，采取了对外进攻战略，向西消灭了吐谷浑，向南击败了林邑（越南），向东夺取了琉球，这些都取得了辉煌战果。在一系列胜利的鼓舞下，杨广试图恢复辽东故地，打败占领东北的高句丽（gāo gōu lí）。公元612年—614年，杨广三次御驾亲征高句丽，但是由于高句丽军民的奋力反抗，隋军皆以大败告终。

连续三年的大规模战争不仅使隋朝损失了数十万大军，还使大量作为后勤人员的民夫不堪重负而死亡，更给国家带来了巨额的物资损失。这样的资源消耗大大超过了隋朝政府能够承担的负荷，产生了严重的战争后果。

在兵役、劳役持续不断的情况下，出现了田地荒芜、民不聊生的现象，加上灾荒严重，老百姓的生命财产安全无法保障，生产生活难以为继。《隋书》中即有记载："黄河之北，则千里无烟；江淮之间，则鞠（生长）为茂草。"在战乱不断、横征暴敛的环境下，农民流离失所，只能吃树皮为生，甚至还出现了人吃人的惨剧。走投无路的农

▲高句丽壁画《狩猎图》

民只能选择落草为寇。

公元611年，王薄在山东长白山率先发动起义，逃避征役的贫苦农民成为起义军主力，虽然起义很快被地方官员镇压下去了，但紧接着全国各地人民纷纷举兵反抗，形成了声势浩大的全国性的农民起义，据说当时反抗隋朝的势力多达两百个，参与人数也超过百万。

在杨广对外征讨高句丽、对内镇压农民起义的同时，隋朝内部的权贵势力也蠢蠢欲动，爆发了杨玄感的叛乱。杨玄感是隋朝开国功臣杨素的儿子，武艺过人、才干出众，他趁着杨广忙着攻打高句丽，国内军力空虚的空当，图谋自己当皇帝。公元613年，他发动叛乱，率领军队准备攻打洛阳，但因为隋军的顽强抵抗加上杨广的回军支援，很快就失败被杀。

在同隋朝官军的作战中，各地农民军不断从分散走向集中和联合，形成了几支实力强大的起义军。其中以翟让领导的河南瓦岗军，窦建德领导的河北起义军，杜伏威、辅公祏（shí）领导的江淮起义军势力最为强大。这些势力日渐强大的农民起义军打开了隋朝设在各地的粮仓，吃不饱饭的农民纷纷加入起义队伍，从全国各条战线不断向隋王朝发起全面进攻。

隋军在镇压农民起义的过程中败多胜少，不断遭遇挫折，张须陀、薛世雄、宇文化及领导的三支隋军主力部队被依次消灭，隋朝的统治被摧毁，国家政权摇摇欲坠。在这样的形势下，隋炀帝吓得不敢回到中原，于公元618年在江都被宇文化及杀害，强大一时的隋王朝逐步走向了灭亡。

在经过了短暂的隋末乱世之后，一个强大的帝国——唐建立了起来。

太原起兵

李渊登场

在遍布全国的农民起义的打击下，隋朝军队节节败退，隋朝的统治摇摇欲坠。在这样的情况下，隋朝统治阶级内部继续发生分裂，很多有实力和声望的地方官吏、世家豪强也乘机蜂拥而起，纷纷组织武装力量割据一方。这些地方军阀彼此攻伐，混战不休，与各地农民军共同打碎了隋朝的统治，统一不到三十年的国家再次陷入四分五裂的乱世危局。

担任太原留守的李渊看到隋军无力对付各路武装，隋朝灭亡已经是大势所趋，便产生了取而代之自己当皇帝的念头。

李渊身世显赫，出自关陇集团豪门。他的祖父李虎追随宇文泰平定关中叛乱，地位尊贵，是西魏朝廷倚仗的重臣，死后被追封为唐国公。李渊年幼丧父，继承了祖父留下的唐国公爵位。李渊的母亲是隋文帝皇后独孤伽罗的亲姐姐，因此李渊是隋炀帝杨广的表哥。李渊深受隋文帝的亲近与器重，担任过荥阳太守、岐州刺史和殿内少监等职务，积累了不少政治经验。

隋炀帝继位后，李渊继续担任要职，并跟随杨广东征西讨，在朝野有了一定声望。公元 615 年，李渊出任山西河东慰抚大使，在任期间抵御突厥入侵，立下了大功。公元 617 年，李渊被任命为太原留守，成为山西地区的最高军政长官。太原也就是晋阳，曾是东魏、北齐的军事重镇和陪都，兵源充沛，军粮丰厚，在国家政治版图中居于重要地位。出任这一显要职务之后，李渊在儿子李建成、李世民的建议下，一面继续麻痹隋炀帝，一面结交豪杰，网罗各种人才，形成了自己的势力集团。同年七月，看到瓦岗军与王世充激战方酣，关中空虚，李渊感到自立机会到了，便杀掉了隋炀帝派来监视自己的官员，派刘文静出使东突厥，得到了始毕可汗的支持，同时派李建成和李世民去西河郡，命令第四子李元吉留守太原，然后挑选三万精锐军队南下关中，逐鹿中原。

在李渊和李世民等人的正确指挥下，大军势如破竹，隋军一触即溃。考虑到所统帅的部队人数有限，也为了更好地争取民心，李渊在行军路上不断招募人马，而且像农民起义军一样，打开粮仓赈济贫民。如此一来，参与李渊部队的百姓越来越多。随着兵力的增加，李世民的军事才能逐渐显现出来，他先是突破了隋军的黄河防线，占据霍邑这一战略要津，接着挥师西进，攻占长安。之后，李渊立杨广的孙子杨侑（yòu）为皇帝，自封为唐王。李渊取得了关中这一根据地后，一跃成为最有机会赢得天下的一股政治势力。

李渊称帝

公元 618 年农历三月，杨广在江都（今江苏扬州）被宇文化及弑杀。李渊立刻逼迫杨侑退位，自封为帝，建国号为唐，改元武德，历史上把这一朝代称为唐朝，李渊就是唐高祖。

李渊称帝之后，唐王朝控制的地区有限，全国仍存有为数众多的地方割据势力，其中以薛举、李密、王世充、萧铣（xiǎn）、窦建德、杜伏威等人的势力较为强大。为了统一全国，李渊接受了李世民等人的建议，采取了先稳住关中根据地，继而向东经略中原，最后平定江南的战略。为了使这一战略能够顺利实现，李渊采用了远交近攻的策略，并取得了很好的效果。

李渊首先派兵讨伐陇西的薛举、薛仁杲，河西的李轨，统一了整个西北地区，解除了东进的后顾之忧。之后，秦王李世民率领唐军挺进中原，进攻在洛阳称帝的王世充。李世民用兵如神，在通过一系列战争胜利拔除洛阳周边据点后将洛阳城团团围住。考虑到洛阳城池稳固，一时难以攻下，李世民采用围城打援的战术，击溃了率军前来支援王世充的窦建德，并俘虏了窦建德。王世充见大势已去，只能开城投降。接着，李世民派兵扫荡了窦建德和王世充的残余势力，整个关东地区归入唐朝范围。李孝恭、李靖等名将进攻江南，先后扫平了割据江陵的萧铣和占据江淮的杜伏威，将南方广大版图收入囊中。最后，太子李建成率军讨伐刘黑闼，平定了整个河北地区。

▲李渊像　清·姚文瀚绘《历代帝王真像》

　　至此，自太原起兵起不到十年的时间，李渊就在李世民、李靖、李孝恭等贤臣良将的辅佐下结束了隋末乱世，重新统一了华夏，避免了全国大分裂情形的再次出现，中国从此进入了辉煌的唐朝时期。

▲金·赵霖《昭陵六骏图》（其中，飒露紫是李世民东征洛阳铲平王世充势力时的坐骑）

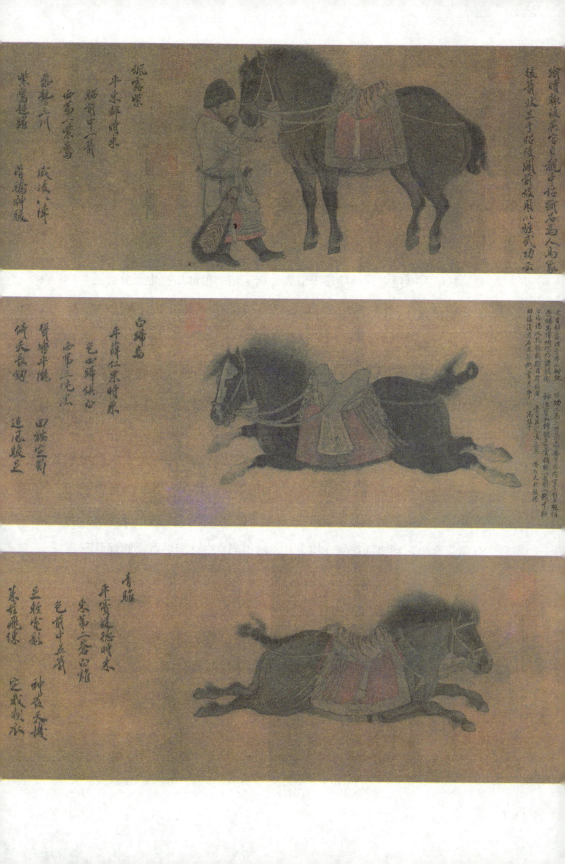

玄武门之变

唐朝刚刚建立，烽烟还未散去，唐王朝的内部却产生了分裂。

唐王朝虽然是李渊一手创建的，但是李渊本人并不直接带领军队，更多的是坐镇后方统筹大局。所以领兵征战、讨伐各路割据势力和农民起义军的具体作战大多交由李世民、李孝恭等军事将领负责，其中李世民发挥了巨大的作用。

早在太原起兵前夜，李世民就是促成李渊下定自立决心的重要建议者。之后，李世民的军事才能在讨伐各地割据势力的过程中得到了充分体现。李世民在与敌人交战之前能够审时度势，对战争走向进行准确预判。交战过程中，李世民则擅于使用骑兵战术，并将骑兵与步兵结合起来做到协同作战，加上其指挥得当，往往能够取得辉煌胜利。

唐高祖李渊建立唐朝之后，立长子李建成为太子，主要负责处理中央的事务，立李世民为秦王、李元吉为齐王。随着秦王李世民屡立战功，他在朝廷中的地位逐渐提升，先后出任司徒、尚书令、中书令等职务，被授予天策上将的封号，负责掌管全国征讨。李世民更是将房玄龄、杜如晦、李靖、尉迟恭、秦琼等贤臣名将招募至自己麾下，逐步形成了一股强大的政治势力。

太子李建成害怕李世民会威胁到自己的太子之位，因此自然不能

▲唐代李建成墓志拓片（局部）

坐以待毙，于是联手齐王李元吉想要除掉李世民。李世民既是能人也是一个极有政治野心、权力欲望极其强烈的人。他凭借自身卓绝的战功试图谋取太子之位，李建成为了守住储君宝座也必须竭尽全力，兄弟两人渐成水火不容之势。两虎相争必有一伤，两位能力出众的皇子为了争取皇位，明里暗里进行了多次斗争。

两人刚开始对立的时候，李渊乐于做一个仲裁者，协调两个儿子的关系，运用帝王平衡术维护自身统治。不过随着李世民立的战功越来越大，汇聚在他麾下的功臣越来越多，李世民集团的势力急剧膨胀，开始直接挑战李建成的太子地位甚至李渊的最高皇权。在这样的情况下，李渊逐渐偏向李建成、李元吉一派，着手削弱李世民的势力，李

▲南薰殿旧藏《唐太宗立像》

建成集团逐步占据上风。

李渊既然对秦王产生了猜忌之心，而太子一派又一心想要削弱秦王府的政治势力，李渊自然是顺水推舟，对太子打压李世民的行动予以支持。在李渊和李建成的持续打压之下，李世民越来越多的亲信被贬谪到地方，秦王势力逐渐被削弱。李世民的部下纷纷劝说李世民尽快动手，和李建成拼个鱼死网破。李世民在局势恶化的情况下，不想坐以待毙，同意了部下们的意见，决定孤注一掷，发动兵变，将太子一党一网打尽。

在下定决心实施兵变之后，李世民与属下臣僚做了细致谋划，决定在武德九年（公元626年）六月初四发动兵变。初四一早，天还没有亮，李世民便带领自己的核心班底率精兵到玄武门埋伏，并在玄武门守卫常何的配合下完成了对太子、齐王的合围。

准备上早朝的李建成和李元吉进入玄武门之后发觉气氛不对想要转身离开，却立刻被秦王士兵阻挡。混战之中，李建成被李世民一箭射死，李元吉也被赶来的尉迟恭杀死。之后，李世民成功平息了东宫和齐王府的军事反扑，进宫控制了李渊。李世民主导的这次政变获得了胜利。

玄武门之变后不久，李世民被李渊立为太子。数月之后，李渊将皇位禅让给李世民，李世民登基称帝，改元贞观，他就是历史上赫赫有名的唐太宗。

贞观之治

公元 626 年，唐太宗李世民通过玄武门之变当上皇帝之后，准备将自己的政治理想逐步施展开来，唐朝也在他的统治下进入了全盛的时代。

唐太宗除了继续重用自己的亲信和下属外，完善人才选拔制度，吸引更多的人才加入自己的施政团队。为了实现这一目的，唐太宗用人唯贤，不问出身，甚至对曾经跟自己为敌的太子党、齐王党都既往不咎，从中挑选有能力的人担任要职，为国家服务，魏徵和薛万彻就

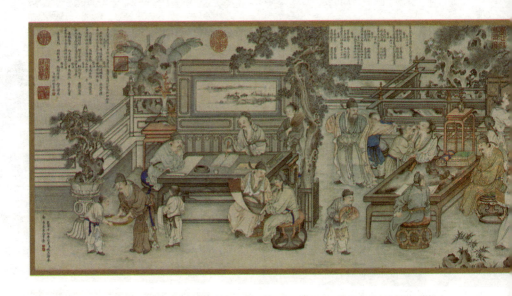

是其中的重要代表。唐太宗的这种政治胸怀，弥合了之前因太子党和秦王党相争而带来的政治裂痕，有利于统治阶级的稳固。

唐太宗知人善用，能够最大限度地发挥大臣的优势。例如，他派长孙无忌主持修订了《唐律疏议》，这是唐朝刑律及其疏注的合编，一共有三十卷，是中国现存第一部内容完整的封建刑事法典。唐太宗还任命房玄龄主管政事并参与制定典章制度，令杜如晦选拔人才、制定法度，并给李靖、李勣、侯君集等大将以充分信任，让他们统领唐朝军队征战四方。

▼清·姚文瀚《摹宋人文会图》（唐太宗为秦王时，府中蓄有十八位文官参谋。登基后，命宫廷画师阎立本绘制图像，以杜如晦、房玄龄、于志宁、苏世长、姚思廉、薛收、褚亮、陆德明、孔颖达、李玄道、李守素、虞世南、蔡允恭、颜相时、许敬宗、薛元敬、盖文达、苏勖（xù）十八人并为学士）

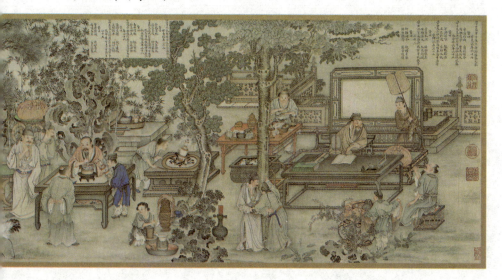

为了更好地选拔人才，唐太宗除了颁布求贤诏令，还改革了隋朝以来的科举制度，让更多的人才能够参与国家政权。唐朝每年都会定期举行科举考试，常设的科目比隋朝时期有所增加，除了基本的进士科之外，还有秀才、明经、明法、明书、明算等五大科。

在李世民的不懈努力下，贞观年间出现了一大批栋梁之材，这些才干之士用他们的聪明才智为国家服务，推动了国家不断走向稳定和富强。唐太宗还经常与大臣们议论历代王朝的兴衰成败，并善于从历史中吸取经验教训。他一方面以隋炀帝拒谏亡国为戒，一方面也为了使自己一直保持清醒的政治头脑，扩大了谏官的权力，又鼓励臣下积极进谏。面对大臣们提出的问题，李世民一般能够做到虚怀纳谏、从谏如流。名臣魏徵就以犯颜直谏而闻名后世，李世民更将魏徵比作自己的一面镜子，认为："一个人用铜做镜子，可以看到自己的衣帽是否整齐；用历史做镜子，可以明白国家兴替的原因；用人做镜子，就可以发现自己身上的缺点。魏徵就是我的镜子。"臣子敢于表达不同意见、直言规劝，皇帝能够兼听众议，注意纳谏，形成了一股清明的政治风气，这也为"贞观之治"奠定了很好的基础。

公元 637 年，长孙无忌主持修订并颁布了《贞观律》，这部法典耗时十年完成，是一项庞大艰巨的任务。《贞观律》让唐朝的律法逐渐走向成熟。法律制定出来后，唐太宗注重法治，能够尊重法律，带头守法，不搞特殊化，维护法律的权威和稳定。唐太宗废除严刑峻法，按宽简原则对待百姓，营造出了和谐的社会环境。

在经济发展上，唐太宗认为"民，水也；君，舟也。水能载舟，

▲明·徐仲和临阎立本《唐太宗纳谏图》

▲唐·阎立本《步辇图》（所绘的是吐蕃使者禄东赞到长安朝见唐太宗时的场景）

亦能覆舟"，他从儒家"仁政德治"的角度出发，强调以民为本，实行轻徭薄赋、休养生息的策略。在位期间，李世民积极推行均田制和租庸调制，奖励垦荒，保证农民拥有足够的土地和时间去进行农业生产。此外，唐太宗还经常免除受灾荒影响地区的租赋，开仓赈恤，使灾民能够度过荒年。为了开辟税源，提高社会经济活力，唐太宗还扶持商业，推动了商业的繁荣与发展。在唐太宗君臣的不懈努力下，全国社会经济逐渐恢复元气，百姓丰衣足食，夜不闭户，道不拾遗，出现了一片欣欣向荣的盛世景象。

李世民继位之后继续展示着杰出的军事才华。在他的统一部署下，唐军先是在李靖的带领下出塞北征，在公元 630 年消灭东突厥汗国，

俘虏了颉利（xié lì）可汗。接着他又派兵击溃吐谷浑，远征高昌，平定了西域。之后，唐太宗又在与吐蕃的战斗中大获全胜，迫使松赞干布遣使和亲，于公元641年将文成公主嫁到吐蕃，密切了中央政府与西藏的联系。平定西方之后，唐太宗又腾出手来对付薛延陀汗国，他采用正确的战术方略将这一新兴的塞北强权消灭。唐太宗在位期间武功全盛，声威传至海外。唐太宗被周边政权尊称为"天可汗"，拥有仲裁各族之间纠纷的权力。李世民用开明友善平等的态度对待各个民族的百姓，努力消除汉族与少数民族间的隔阂，增强了各民族之间的交流与合作。

▼唐·阎立本《职贡图》。此图描绘唐太宗在位时，南洋的婆利、罗刹与林邑国等前来中国朝贡的景象

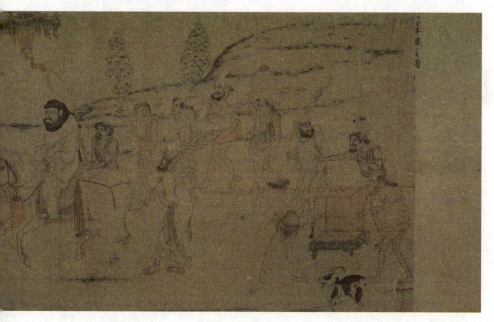

此外，唐太宗在外交政策、文化交流等方面也付出了极大的努力，取得了辉煌成就，出现了文化昌明、万邦来朝的场景。唐太宗在位期间，唐朝社会稳定、政治清明、百姓富裕、民族和谐、文化繁荣，出现了天下大治的理想局面，被后人称为"贞观之治"。

租庸调制

租即田租，成年男子每年向官府纳粟二石。庸则是力役的替代，农民每年替政府服劳役二十天，也可用绢或者布来代替，称"输庸代役"。调，交一定数量的绢和布是调。

一代女皇武则天

大权独揽

武则天出生于公元 624 年，是荆州都督武士彟（wǔ shì yuē）的第二个女儿。武士彟是唐朝的开国功臣之一。武则天年少的时候就以美貌著称，13 岁的时候被唐太宗纳入后宫，成为皇帝的才人。不过，唐太宗时期的武则天并不被皇帝宠爱，在后宫中的地位始终不高。为了有出人头地的机会，她把目光转移到了太子李治身上。李治对武则天一见倾心，很快和武则天私下来往。

公元 649 年，唐太宗去世，太子李治登基做了皇帝。按照唐朝惯例，皇帝死后，部分没有子女的妃子要去感业寺出家。因此李治先是掩人耳目让人送武则天去感业寺做了尼姑，然后将她接回宫中，大加宠爱。武则天既有手腕又有心机，李治不仅力排众议废掉了原配王皇后，让武则天当了皇后，还在她的鼓

▲唐高宗像

励下，清除了舅舅长孙无忌、褚遂良等老臣的影响，完全掌握了朝政。

武则天当上皇后之后，心里想的就是怎么巩固自己的地位，她先是对李治百依百顺，获得了皇帝的绝对信任，开始参与国家大事。由于唐高宗身体不好，经常头晕目眩，一些具体的政务便交给武则天处理。在处理朝政的过程中，武则天显示出高明的政治才干，积累了政治经验，逐渐成为一名成熟的政治家，并培养起自己的政治势力。她广泛接纳那些不被重视的寒门子弟，在朝廷里形成了武后党。随着武则天权力的增长，她在朝廷里拥有了庞大的政治势力，与唐高宗并称为"二圣"。

公元 683 年，唐高宗驾崩，武则天临朝称制，让自己的两个儿子李显、李旦先后做了傀儡皇帝。她自己则努力清除各地的反对势力，杀掉了一大批李氏皇族，巩固了自己的地位。公元 690 年，在经过一段时间的准备后，武则天废掉了自己的儿子李旦，宣布称帝，改名武曌（zhào），将国号由唐改为周，以洛阳为首都，建立了武周王朝，武则天成为中国历史上唯一的女皇帝。

▲武则天像

曌

曌——此字为武则天所独创，有"日月凌空，光被天下"的意思，显示了武则天想要立于天下人之首的雄心。

唯一的女皇帝

武则天称帝后没有松懈下来，而是听取大臣们的意见，采取一系列措施推进唐朝的发展。在经济上，武则天注意发展农业，奖励农桑，轻徭薄赋，休养生息，给老百姓的生活营造安定的环境。为了解决不同地区之间的人和土地的矛盾，武则天鼓励农民由人口稠密的地区移民到地广人稀的地区发展生产，并减免一定年限内的租税。同时，武则天还鼓励商业发展，长安、洛阳、太原、扬州等地出现了发达的商业贸易，社会财富得到了积累。

除此之外，武则天特别注重官员的选拔和考核，不拘一格地选拔人才，选用了狄仁杰、张柬之等贤臣。武则天改良了科举制，并于公元702年，创设了武举制，用来选拔军事人才，武举考试一直延续到了明清时代。武则天的这些措施，为国家吸纳了更多的人才，扩大了政治基础。武则天还特别注意改革吏治，打击豪强，使国家的社会经济取得了进一步发展，国家逐渐迈向盛世。

在军事上，武则天继续着唐高宗对外扩张的步伐，并取得了一定成效，维持了唐朝疆域的稳定，巩固了统一多民族国家的地位。公元702年，武则天设置了北庭都护府，巩固了唐朝中央政府对西域地区的统治。

在文化方面，武则天实施了开明的文化政策，鼓励文化艺术发展。在武则天的支持下，社会上涌现出一批有才情的文人，书法、绘画、

▲ 徐操《唐后行从图》

雕塑等艺术也取得了极高的成就。

不过，武则天为了稳固自己的地位，任用酷吏，打击政敌，让朝廷政治风气趋向紧张。同时，武则天称帝时，已经是一个快70岁的老人，随着年纪的增大，武则天无法始终保持节俭的态度，在生活上逐渐奢侈起来，并且宠信张易之、张昌宗，产生了不少弊政。

虽然武则天的执政过程中存在一些问题，但总的来说，武则天无疑是中国历史上一位杰出的女政治家，取得了非凡的成就和历史功绩。在她统治期间，唐王朝国力呈现出上升的趋势，社会安定和谐，为开元盛世的到来做好了铺垫。

作为中国历史上唯一的女皇帝，武则天的事迹一直被后人提起，她留下的无字碑不仅诉说着唐代的风华，更成为游人凭吊的重要景点。

▲龙门石窟卢舍那大佛，据传是根据武则天自己的容貌仪态雕刻的佛像，是龙门石窟中艺术水平最高、整体设计最严密、规模最大的一座造像

开元盛世

女皇统治的结束

武则天晚年，狄仁杰提议应该让女皇的儿子李显而不是武氏后人当皇帝，大臣们纷纷响应，于是武则天重新将李显立为太子。神龙元年（公元705年）正月二十二日，太子李显趁着武则天病重，在宰相张柬之、崔玄暐（wěi）等大臣的支持下发动政变，逼迫自己的母亲武则天退位，复辟了唐朝，这就是"神龙政变"，李显就是后来的唐中宗。

唐中宗李显复辟之后，由于其昏庸无能，对韦皇后言听计从，导致韦皇后专权，并培植自己的党羽，试图做第二个女皇帝。公元710年，韦皇后毒死李显，让太子李重茂继承了皇位，韦后以太后的身份临朝听政。当年农历六月，李旦的第三个儿子李隆基在太平公主的帮助下发动政变，杀死韦皇后，拥立自己的父亲重新当皇帝，即唐睿宗。公元712年，李旦在复辟后不久就将皇位让给了李隆基，自己退居幕后做了太上皇，李隆基就是唐玄宗，也就是历史上赫赫有名的唐明皇。

▲唐章怀太子李贤墓壁画《狩猎出行图》。李贤，唐高宗与武则天次子，此幅壁画位于章怀太子墓墓道东壁，是极为壮观的鸿篇巨制，也是唐代壁画中的精品

开元盛世的到来

　　唐玄宗即位之后，果断处置了试图夺取政权的太平公主，结束了自武则天晚年以来朝廷高层自相残杀、政局动荡的局面，稳固了自己的权力，做到了政由己出。

　　李隆基坐稳江山的时候，正是一个年轻有为、朝气蓬勃的大好青年，再加上数次成功政变的历练，让他逐渐成为一名成熟的政治家。唐玄宗以自己的曾祖父唐太宗为榜样，励精图治，试图让唐王朝走向新的辉煌。作为一名雄才大略的帝王，唐玄宗不仅只是有一腔热血，

▲唐玄宗李隆基《鹡鸰颂》，这是现存唐玄宗唯一的墨迹

他还有极大的胆量和魄力，并且精通治国方略，明白选用合适的人才治理国家能够收到良好的效果。唐玄宗慧眼识珠，姚崇、宋璟、张九龄等贤臣得以出任宰相。这些贤臣大多通晓治国方略，而且极有责任心，愿意为国家的富强贡献自己的力量。唐玄宗依靠这些贤相，再加上他恢复谏议制度，能够虚心接受大臣提出的意见，营造出了清明的政治局面。同时，唐玄宗还做到了任用官员不问出身只问能力，大量富有能力和干劲的少数民族将领和寒门子弟得到了朝廷的重用，大大增强了整个官员阶层的活力。

唐玄宗听从臣子的意见，对国家的社会经济作了整治。他制定了新的经济措施，增加财政收入，并努力将地方收得的钱粮运到中央，加强中央集权，消灭了地方割据的经济基础。

民以食为天，为了让老百姓能够吃得饱饭，唐玄宗下令开垦荒山，兴修水利，推广水稻，增加粮食产量，促进农业发展。为了增加国家对社会人口的控制，李隆基还继续执行父辈一直施行的打击豪门士族的策略，进一步解放劳动力，减轻百姓对世家豪门的人身依附，让更多的百姓成为拥有独立身份的自耕农。同时，李隆基提倡节俭，严惩社会上那些滥用民力的行为，百姓得以较少受到徭役之苦。

在稳定内政的同时，唐玄宗还渴望建立不世军功，开创太平盛世。为了实现这一目标，他接受了宰相张说的改革主张，废除了已经逐渐走向没落的府兵制，建立募兵制，由朝廷招募可以长期服役的士兵，并提供粮食和军备，由专门将领来统领。募兵制的建立改变了府兵轮番到边境守卫的处境，解除了百姓服兵役的苦难。同时，募兵制的产生还使军队可以不分季节进行集中训练，有效地提高了军队战斗力。有了强大武力作为后盾，唐军不断四面出击，向北击败契丹，收复辽西领土，向南打败南诏并封当地少数民族领袖皮逻阁为云南王，向西击败了吐蕃。此外，经过不断征战，唐王朝控制了中亚绿洲，成为中亚霸主。在军事行动不断获得成功之后，唐帝国的声威得到传扬，各国遣使朝拜不绝。好男儿应当从军建功立业也成为当时社会各阶层的共识，边塞诗的繁盛成了极好的佐证。

唐玄宗时期的长安城有着上百万人口，是一座国际化的大都市，也是当时世界范围内规模最大、建筑最宏伟、规划布局最合理的一座都城，彰显着唐王朝的恢宏气度。长安城的建筑风格不但影响了宋元明清各个王朝都城的建设，还对日本建造平城京、平安京作了良好的示范，成为都城建造的模板。洛阳、广州、扬州、成都等大都市也十分繁华，各种肤色、不同语言的商贾云集，长期与汉人杂居，相互习染，社会风气十分开放，出现了浓浓的市井氛围。同时，唐朝的对外交往也取得了突出成就，各国使臣在长安汇集，其中，以阿倍仲麻吕、吉备真备等日本遣唐使最为出名。在密切的对外交流过程中，中国的国际影响力逐渐加强。与此同时，唐朝的文化传播出去，对周边国家尤其是日本、朝鲜、越南等国产生了深远的影响，东亚文化圈逐渐形成。

经济社会的繁荣带来了文化的高度发达，文风昌盛，文艺创作取得了极大的成果，出现了一大批永载史册的文豪和诗人，李白、杜甫、王维、贺知章等是其中的杰出代表，他们留下的动人诗篇，至今仍是

▲北宋·李公麟《明皇击球图卷》

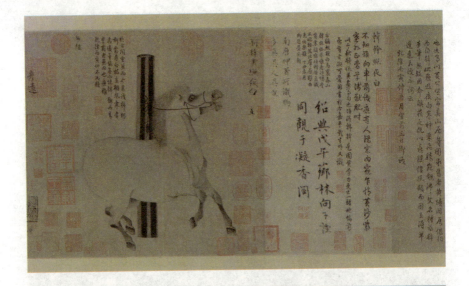

▲唐·韩干《照夜白图》（局部）。此图描绘的是唐玄宗李隆基坐骑照夜白的形象

我们珍视的文化瑰宝。此外，这一时期的音乐、绘画、书法、雕刻等艺术也取得了显著的成就，形成了唐文化"有容乃大"的豪盛气派，共同谱写着大唐盛世的辉煌。

开元盛世不仅是唐朝历史上的巅峰时刻，也是中国古代王朝难得的治世，还是中国历史发展进程中的一个高峰，其开放包容的气度和杰出的功业受到后人的咏叹和景仰。

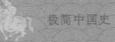

安史之乱

衰亡的征兆

开创了开元盛世之后，随着年龄的增长，李隆基精力衰退，以太平天子自居，不再像年轻的时候那样专注于政务了，也不愿意听到激烈的反对意见，他把更多的时间和精力放在了享乐和文艺创作之中，再也没有了先前励精图治的精神。皇帝的变化直接影响了手下官员们的心态，志得意满的情绪传播开来，整个朝廷的政治氛围渐渐出现了转变。

上行下效，越来越多的官员开始欺上瞒下，中饱私囊，并对老百姓进行残酷的剥削。此外，社会经济的繁荣创造了更多的社会财富，也扩大了贫富差距。有钱人开始添置产业，购买田产，而穷人为了生存却不得不出卖自己手中的田产，这样一来，土地和财富越来越集中到少数人手中，贫富差距进一步拉大。在农民失去土地无法谋生时，只能不断逃亡，府兵制和租庸调制都走向了崩溃，李隆基当政前期那种路不拾遗的盛世景象一去不返，社会危机不断加重。

老百姓的苦难却很难传递到唐玄宗的耳中，他现在听到的都是阿谀奉承的赞扬声，于是他认为唐王朝仍然在盛世之中。唐玄宗为了有更多时间进行玩乐，便把朝政先后托付给了李林甫、杨国忠等。李林甫是唐朝宗室，为人阴险自私，害了不少正直的官员。为了让自己可以长久地当宰相，他一方面使用各种办法讨好皇帝和皇帝的宠妃，保持皇帝的赏识，一方面打击那些有才能的官员，不让这些才干出众的人得到面见皇帝的机会。这样一来，李林甫通过排斥异己，培植党羽，把持朝政，顺顺利利地当了十几年宰相。

有了李林甫替自己主管朝政，唐玄宗更加放纵自己，铺张浪费，不断营建宫室，纵情声色。李隆基本来最爱武惠妃，可惜武惠妃早死，李隆基日夜寝食不安，后宫虽然有很多美人，却没有一个真正可以让他满意。在一次宫廷聚会上，他发现儿子李瑁的妃子杨玉环美貌绝伦，倾国倾城，于是不顾伦理纲常，想尽办法将自己的儿媳招进宫中，封为贵妃。唐玄宗不仅在长安修筑华清池等行宫供自己和杨贵妃享乐，任意挥霍，还为了讨杨贵妃的欢心，命令岭南地区的官员马不停蹄地送荔枝给杨贵妃吃。此外，唐玄宗还在李林甫死后任命杨贵妃的堂兄杨国忠出任宰相，给予了杨家极大的宠信。

口蜜腹剑

李林甫是唐玄宗时代的宰相，他平时与人接触总是非常友善，表现出诚恳的态度，嘴里说的也是恭维的好话。然而实际上，他的真实想法和他的表面态度完全相反，是一个非常阴险狡诈的人，常常陷害那些有本事的大臣。但是，坏人虽然一时半会儿可以达到害人的目的，

玉勒雕鞍宠太真年，敕後幸华清
开元四十万匹马何事骑骡蜀道行
吴興钱选彝举

▲元·钱选《杨贵妃上马图》

但日久见人心，人们逐渐发现了他这种伪善。于是大家便在背地里说他"口有蜜、腹有剑"。现在，大家用"口蜜腹剑"形容两面派的阴险狡诈。

安禄山叛乱

唐玄宗为了抵抗边境的少数民族，设置了节度使职务并让胡人出任军事主官，节度使安禄山逐渐崭露头角。安禄山出生在西域，早年丧父，跟着母亲在突厥部落中生活。成年以后，他投奔幽州节度使张守珪（guī），屡立战功，职位不断上升，逐渐成为一名大将，有了前往长安与唐玄宗接触的机会。安禄山心机深沉，将自己的野心掩饰得很好，经常在唐玄宗弹琴唱歌时伴舞。安禄山是个大胖子，平时行动都十分困难，跳舞的时候却腰肢扭动，憨态可掬，逗得唐玄宗和杨贵妃十分开心，并顺利做了杨贵妃的义子。

得到了皇帝的信任之后，安禄山平步青云，一人兼任平卢、范阳、河东三镇节度使，拥兵十余万，拥有了一支强大的武装部队，并且将这支军队牢牢掌握在自己手中。接任李林甫宰相位置的杨国忠虽然无能且贪赃枉法，但是认为安禄山一定会谋反，他不断向唐玄宗吹耳边风，一开始唐玄宗自然不信，但时日一久，这就引起了唐玄宗的警觉。唐玄宗下诏让安禄山入京，他却一直推托有病不肯来，唐玄宗渐渐对安禄山起了疑心。

因为唐玄宗的一次次试探，安禄山准备自己当皇帝了。公元755

▲明·佚名《玄宗贵妃奏笛图》

年冬天，安禄山以"讨伐杨国忠"为借口，起兵造反，统帅十五万大军南下进攻洛阳和长安。天下太平的日子太长了，唐朝的官兵根本无力抵抗野战经验丰富的边防野战军，一触即溃。安禄山带领部队迅速推进，相继击败了高仙芝、封常清、哥舒翰等唐朝名将，占领洛阳，攻破潼关，兵临长安城下。唐玄宗接到官军不断溃败的消息，和杨贵妃仓皇逃命，准备前往成都避难。

唐玄宗一行途经马嵬（wéi）坡时，大将军陈玄礼等发起兵变，要求唐玄宗杀掉杨贵妃。士兵们将杨国忠乱刀砍死后，唐玄宗为了平息事态，最终不得不处死了心爱的杨贵妃。

马嵬坡兵变后不久，太子李亨在灵武继位，即唐肃宗。他号召全国军队勤王与叛军进行作战。叛军内部也发生了权力斗争，安禄山、安庆绪、史思明相继在内斗中死去，给了唐朝政府以喘息的机会。在将西北边防军调回甚至借用回鹘军参战之后，官军在与叛军的战斗中逐渐处于上风，并于公元 763 年将叛乱镇压下去。

安史之乱给百姓带来了深重的灾难，无数百姓流离失所，整个社会陷入巨大的危机，国家元气大伤，盛唐时代恢宏的气度一去不返。强盛的大唐由此走向了衰亡。

黄巢起义

安史之乱虽然最终被唐王朝镇压下去，但皇帝的权威也被严重削弱了，唐朝进入了一个漫长的衰弱期。由于中央军队实力有限，唐朝无法对黄河以北的节度使进行有效震慑，黄河以北的魏博、范阳、成德三镇在事实上是一种半独立的状态，只是在名义上服从皇帝的指令。除了河北三镇，其他地区的节度使也想效仿，虽然这些节度使的叛乱经常被中央政府镇压，但也给国家带来了裂痕。在国家事实上分裂的情况下，统一的情形被打破，不同地区百姓之间再次出现了隔阂和敌对情绪。

为了镇压安史之乱，中央政府必须有一支数量庞大的军队，而军队的存在必然消耗大量的粮饷，这就对国家财政提出了要求。由于当时中原大地饱受战乱影响，南方逐渐成为国家的税赋中心，扬州更超过长安成为中晚唐时期国内最大的都市。依靠大运河，中央政府把江南的钱粮源源不断地运入关中，满足军队和统治集团的消费需求。可以说，漕运的存在让唐王朝能够苟延残喘。

然而，日渐虚弱的唐朝中央政府内部出现了比较大的麻烦。唐玄宗时代，宦官高力士就得到重用，不过那时的太监作为皇帝的奴才，更多还是负责传达皇帝的旨意。安史之乱时，皇帝对前线那些指挥大

▲唐宣宗像 　　　　　▲唐宪宗像

军的将军并不放心，往往指派一直在自己身边服务的宦官充任监军。此后，宦官逐渐掌握了长安城内的神策军，得以在朝堂上获得巨大的话语权，甚至拥立乃至弑杀君王，形成宦官专权的局面。

唐朝的很多皇帝都愿意打压权贵，兴办科举，但一直没有处理好朝廷内部的矛盾。官员们为了更好地获取权力往往会进行联合，从而形成政治集团，也就是朋党。朋党形成后，根本不在乎政府推行的政策是否正确，任命的官员合不合适，只是以实现集团利益的最大化为目标，党同伐异。这样一来，朝廷的政治形势越来越黑暗。

中晚唐时期虽然有过唐宪宗时代的削藩成功、唐宣宗时代的相对安定，但唐王朝的整体形势却是一天不如一天。

随着国家政治越来越黑暗，皇帝昏庸无能、沉迷酒色娱乐、不理朝政，权贵骄奢淫逸、耽于享乐，各级官员为了满足自己的私欲，贪赃枉法，横征暴敛，给人民带来了深重的灾难。加上自然灾害不断，多地闹起了饥荒，瘟疫也在全国各地不断蔓延。穷苦百姓失去活路，只能铤而走险，发动起义。

揭开唐末农民大起义序幕的是公元859年爆发的裘甫（qiú fǔ）起义，但是起义很快被镇压。之后，庞勋起义、王仙芝起义相继爆发。这些起义虽然因为准备仓促、战术不当，很快被官军镇压下去，却给黄巢大起义做好了准备。

黄巢出身盐商家庭，从小不仅武艺惊人而且粗通文墨，不过长大后多次参加科举考试都没有考上。于是黄巢回到家乡，干起了家族贩盐的老本行。封建王朝时期，盐铁是由官方专营的，盐商想要经营就必须取得牌照。不过拿到牌照非常困难，因而很多盐商贩卖的是私盐。走私贩卖盐不用纳税，给国家收入带来巨大影响，故而这些盐贩一旦被朝廷抓获就会被处以重刑。在这样的情况下，盐贩往往会建立自己的武装，对抗缉私的官兵。黄巢返乡后因为经营得当加上很有义气，生意越做越大，身边也纠结起来一支队伍。看到官吏不断欺压百姓，黄巢决定带领这帮人发动起义，推翻唐朝腐朽的统治。

起义爆发后，黄巢采用避实击虚的战略，避开由官军重兵把守的关隘和城池，专门攻击那些防卫不足的地区，因此不断取得成功。黄巢起义军以均贫富为口号，所到之处经常开仓放粮、没收富家财产、救助灾民，吸引了很多人加入，起义队伍不断壮大，黄巢自称"冲天大将军"。之后，起义军渡过长江，转战江南并攻克了广州。在广州稍作休整之后，黄巢率领起义军北伐，一路打垮官军的抵抗，攻克洛阳，占领潼关，于公元880年攻陷洛阳，随后进入长安，当时的唐僖宗仓皇逃往成都。

黄巢进城之后，杀权贵，开皇宫的宝库和粮仓赈济百姓，得到了长安城百姓的拥戴。黄巢见时机已到，便于公元881年自立为帝，建立了大齐政权。

称帝之后，黄巢和他的部下逐渐自满起来，没有乘胜追击逃往成都的唐僖宗，也没有在根据地形成有效统治，从而让唐朝政府有时间积聚力量进行反攻。同时，起义军的军纪也开始败坏起来，不仅黄巢等高层生活奢靡，下层士兵也出现多起侵扰民众甚至滥杀百姓的恶性事件，逐渐失去了民心，而民心是起义军不断打胜仗的重要原因。从此，黄巢走上了失败的道路，不断被唐军击败，先是退出长安，又在河南连续失败，最终于公元884年在山东兵败自刎。

黄巢起义虽然失败了，但在山东、河南、江南等多个地区与唐军作战，特别是在江南的战斗中截断了唐朝的财源，从根本上动摇了唐朝的统治根基。这次农民起义还引发了大小军阀的持续内战，使得唐王朝在战乱中分崩离析，最终走向了终点。

黄巢《不第后赋菊》："待到秋来九月八，我花开后百花杀。冲天香阵透长安，满城尽带黄金甲。"这首诗是黄巢落榜之后所作，从诗中也可以看出他的野心。

朱温代唐

　　安史之乱结束之后，唐朝形成了藩镇割据的局面，河北三镇甚至在大多数时间里保持着半独立的状态。唐王朝在内地也设置了很多节度使，这些节度使成为地方上的最高行政长官。这时的大多数节度使虽然还是服从朝廷的命令，并在中央政府需要帮助的时候出钱出力，但是与中央政府产生了一定的离心力。由于这时候中央政府还拥有一支具有战斗力的神策军作为军事支柱，藩镇即使时不时会起来造反，但可以很快被平息下去。

　　黄巢大起义之后，朝廷与地方的关系发生了翻天覆地的变化。起义军不仅摧毁了唐朝中央军的军事力量，还断绝了朝廷来自南方的赋税。内地的节度使们也纷纷效仿河北藩镇，在军事、财政、人事等各个方面不再受中央政府控制，逐渐成为独立政权。

▲朱温像

通过镇压黄巢起义，节度使们让自己的军队得到了实战训练，加上再也不用担心中央政府的调停和制裁，大大小小成为土皇帝的藩镇立即掉转头来把军队投入到互相兼并的战争中。

战争年代，胜者为王，军力的强弱成为决定政治走向的唯一标准。随着藩镇之间攻伐进程不断加速，小的藩镇被吃掉，形成了不少势力强大的藩镇。强大的藩镇主要有割据四川的王建，占据江淮的杨行密，称霸陇右的李茂贞等。不过，当时最为强大的两个藩镇是割据河东（今山西省西南部）的李克用和占据汴梁地区（治所在今开封市）的朱温。

朱温年轻时不爱读书，喜欢舞刀弄枪，练成了一身好武艺。当时黄巢在山东招兵买马，朱温看到了发家的机会。他加入黄巢领导的农民起义军，并通过一系列军功，成了黄巢的得力大将。不过，朱温是一个反复无常且有政治野心的人，他在目睹黄巢不断战败的情形之后，决定投降唐朝。为了向朝廷表示忠心，他不断进攻黄巢，并取得了一定战果，被唐僖宗任命为宣武军节度使，并赐名"全忠"。从此，朱温成为唐末藩镇中的一名要角。

李克用与朱温出自平民家庭不一样，他是来自塞外的沙陀人，祖先是部落首领，拥有沙陀强大的武力作为坚强后盾。李克用很小的时候就跟随父亲东征西讨。领兵作战的时候，李克用经常冲锋陷阵，骁勇善战，在军界有极大的名声。虽然李克用在父亲的影响下短暂叛变朝廷，但很快改变主意，率领沙陀军为唐朝镇压农民起义军。李克用领导的沙陀骑兵战斗力极强，加上李克用本人指挥得当，往往可以以一敌十，被时人称为"鸦儿军"。这支部队为朝廷平定黄巢起义立下了汗马功劳，李克用也被封为河东节度使和陇西郡王，成为当时最为强大的藩镇。

李克用与朱温虽然都有称霸的野心，但最开始并没有矛盾，彼此都想通过镇压起义军建功立业，发展自身势力。不过一次意外让两人成为死敌。

公元 884 年，李克用在讨伐黄巢大获全胜返回太原的途中经过朱温的汴梁。朱温为了拉拢李克用，大摆酒席为李克用接风。酒席上，大家喝酒庆贺李克用的辉煌战果，一喝酒不免就喝高了，半醉半醒间李克用把朱温从头到脚嘲讽了一番。当时朱温隐忍不发，却因大失颜面准备杀死李克用。酒席散后，趁着李克用喝醉睡着，朱温指使部下放火焚烧李克用所在的房间，企图将李克用活活烧死。好在李克用部下没有醉死，给李克用泼了一盆水。在冷水的刺激下，李克用顿时清醒过来，赶忙趁着天降大雨连夜用绳索缒城出逃。这样一来，二人成了不共戴天的死敌。

相比于李克用只知使用武力对付敌人，朱温显得更有心机也更有谋略。他采用远交近攻的策略，拉一派打一派，以汴梁为根据地连续消灭了秦宗权、朱瑄、朱瑾、赵匡凝等地方势力，击败了李茂贞、刘仁恭等军阀，实力逐渐超过李克用，成为唐末时期最强大的诸侯。在此基础上，他北上连续击败李克用，围攻李克用的大本营太原，向西占领了长安城，控制了唐朝中央政府。

为了打击朝堂上的反对势力，扫清自己称帝的阻碍，朱温于公元905 年发动了被后人称为"白马驿之祸"的政变，诛杀了所有朝臣，劫持了唐昭宗，将皇帝变成了自己手里的傀儡。

公元 907 年，朱温接受唐哀帝禅让，登基称帝，改国号为梁，史称后梁。存续近三百年的唐帝国宣告灭亡，中国历史进入五代十国时期，军阀混战的乱世再次来临。

五代十国——乱世再临

五代依次为梁、唐、晋、汉、周五个政权，由于五个政权的名称以前都存在过，所以历史又将其称为后梁、后唐、后晋、后汉与后周。而十国，指的是南北方散乱的割据政权，依次为南吴、吴越、前蜀、后蜀、闽、南汉、南平、南楚、南唐、北汉等。北汉是十国中唯一在北方的一国。

五代十国时期起于朱温建立的后梁，后梁不久就被李存勖以光复唐朝为由建立的后唐所灭。公元936年，石敬瑭举兵造反，以对辽太宗称儿和割让燕云十六州为条件，请契丹出兵相助。耶律德光率军解围，帮助石敬瑭于太原建立后晋，并灭掉了后唐。五代进入后晋时期，由于后晋受契丹的牵制，江淮地区的吴与南唐趁机坐大。后又经历了后汉及后周，后周是五代的最后一个中原王朝，从公元951年正月后周太祖郭威灭后汉建国，定都东京开封府，至公元960年赵匡胤陈桥兵变建立北宋，共计历经三帝，享国10年。在中原大地上，政权更迭频繁，在五代的更替中，十国的十个政权或长或短地统治一方。

总的来说，五代十国是晚唐藩镇割据的一个延续，这些政权既相互争斗，又相互制衡，没有一个强有力的政权能够一统乱局，也导致了五代十国时期成为中国历史上最动荡、最黑暗的历史时期之一。

▲五代·顾闳中《韩熙载夜宴图》。《韩熙载夜宴图》是五代十国时期南唐画家顾闳中的作品，生动描绘了南唐官员韩熙载家设夜宴载歌行乐的场

面。其内容丰富，涵盖了家具、乐舞、衣冠服饰、礼仪等方面，是研究五
代时期服饰、装饰艺术风格的重要参照物

历史人物

HISTORY

三曹与建安文学

　　建安是东汉末代皇帝汉献帝刘协所使用的年号。在建安年间，东汉朝廷的大权落入了曹操手中。曹操不仅仅是一位权臣，在文学方面的成就也非常突出，这一时期的文学被称为建安文学。建安文学的代表人物是三曹、建安七子以及蔡琰，三曹指的是曹操以及他的儿子曹丕和曹植。

　　曹操的代表作有描绘群雄讨伐董卓以来战争惨状的《蒿里行》，他写道："关东有义士，兴兵讨群凶。初期会孟津，乃心在咸阳。军合力不齐，踌躇而雁行。势利使人争，嗣还自相戕。淮南弟称号，刻玺于北方。铠甲生虮虱，万姓以死亡。白骨露于野，千里无鸡鸣。生民百遗一，念之断人肠。"

　　《蒿里行》体现出了曹操的悲悯之心，以及对起兵诸侯的各怀鬼胎感到不满，而他或许正是看破了各路诸侯都不安好心后才决意扫清群雄。正如他在晚年所写的《述志令》（又名《让县自明本志令》）中所说的，"设使国家无有孤，不知当几人称帝，几人称王"。而曹操的《短歌行》脍炙人口，"对酒当歌，人生几何。譬如朝露，去日苦多"，写出了曹操内心矛盾的一生。《观沧海》气势磅礴。曹操晚年写就的《龟虽寿》慨叹生命有限，却又激励自己"烈士暮年，壮心不已"。曹操

▲曹操书法

　　的诗中不乏这样慷慨激昂，却又苍凉孤独的意境，以至于这些作品都能成为传世的名篇。

　　曹操的次子曹丕，也是曹魏政权的开国皇帝，在文学方面同样也有突出的成就。他所写的《燕歌行》是现存最早最完整的七言诗，推动了诗歌形式的发展。曹丕还写了《典论》一书，这本书并没有完整留存下来，而书中的《论文》则是早期出现的文学批评论著。他在其中点评了七位当时有名的文人，即孔融、陈琳、王粲、徐干、阮瑀、应玚（yáng）以及刘桢，后世将这七人称为"建安七子"。曹丕指出"文人相轻，自古而然"，他们"各以所长，相轻所短"，指出了这种风气的弊病。曹丕又提出了文学是"经国之大业，不朽之盛事"，因为人的寿命有限，文章却能够永远流传下去。曹丕对文学的重视和鼓励，同样也具有积极的意义。

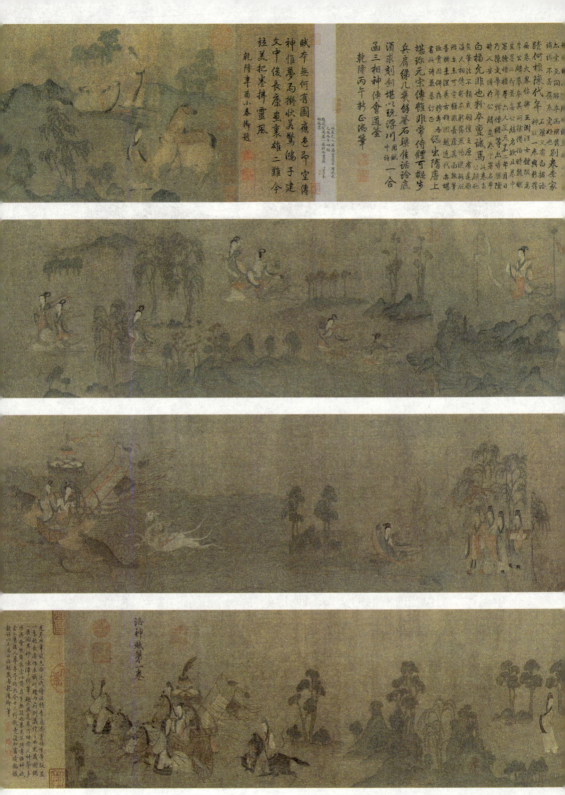

▲东晋·顾恺之《洛神赋图》。《洛神赋》是三国时期曹魏文学家曹植创作的辞赋名篇

妙入毫顛

曹丕的弟弟曹植也是有名的文人，后世南北朝时期的谢灵运曾经说过："天下才共一石，曹子建独得八斗，我得一斗，自古及今共分一斗。"曹子建正是曹植。谢灵运的说辞不免夸张，但也显示出曹植的才华与名气之大，影响力之深远。曹植的诗作《白马篇》描绘了一个有志于保家卫国的少年游侠形象，少年游侠出场便颇有气势："白马饰金羁，连翩西北驰。借问谁家子，幽并游侠儿。"《白马篇》激情豪迈，结尾一句"捐躯赴国难，视死忽如归"，将游侠的英雄气概刻画得淋漓尽致。在辞赋方面，曹植的代表作《洛神赋》同样也是传世名篇，他以洛水女神宓妃的传说作为写作素材，塑造了"翩若惊鸿，婉若游龙"的神女形象。

曹氏父子三人都在文学上有着很高的造诣，而且曹操、曹丕又是曹魏政权的开创者，这在中国古代历史上可谓是绝无仅有的存在。

燕歌行 其二（曹丕）

别日何易会日难，山川悠远路漫漫。

郁陶思君未敢言，寄声浮云往不还。

涕零雨面毁容颜，谁能怀忧独不叹。

展诗清歌聊自宽，乐往哀来摧肺肝。

耿耿伏枕不能眠，披衣出户步东西。

仰看星月观云间，飞鸽晨鸣声可怜，

留连顾怀不能存。

名垂青史的诸葛亮

诸葛亮，字孔明，琅邪阳都人。诸葛亮年幼时父母就去世了，他便跟随叔父诸葛玄到荆州生活，诸葛玄死后，诸葛亮居住在隆中。刘备驻扎新野的时候，诸葛亮的好友徐庶将其推荐给了刘备。刘备三顾茅庐方才得以见到诸葛亮，诸葛亮为刘备分析了天下形势，并为其提出了三分天下的设想，是为著名的《隆中对》。

诸葛亮认为曹操势力强大难以与其相争，而孙权则适合作为盟友，但荆州、益州则是刘备应该尽力争取的地方。刘备得到诸葛亮的帮助，如鱼得水。三顾茅庐之时，诸葛亮年仅26岁，便为刘备制定了一个极具远见的战略，而此时的刘备仅仅依附刘表驻守在一座小城中。

在曹操南征的情况下，刘备陷入了困境之中，诸葛亮临危受命，前往游说孙权共同抗曹。诸葛亮软硬兼施，成功说服了孙权派出军队，孙刘联军得以在赤壁击退曹操，刘备也趁机占领了荆州的大片土地。后来诸葛亮又跟随刘备入川占据益州，此时诸葛亮已然成为刘备的副手。

在刘备称帝之后，诸葛亮被任命为丞相。刘备登基后伐吴失败，诸葛亮本身是反对这场战争的，在《三国志·法正传》中记载，在刘备伐吴失败后，诸葛亮感慨如果法正还在，也许能够制止刘备东征，

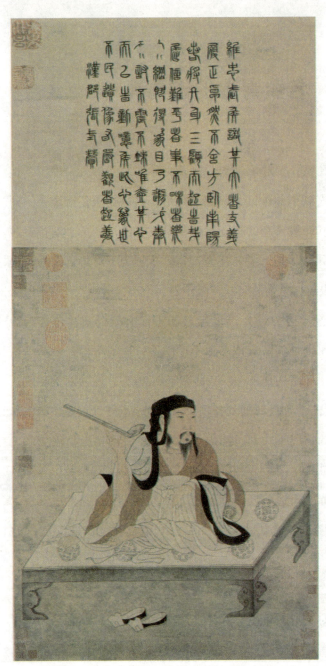

▲元·赵孟頫《诸葛亮像轴》

哪怕法正跟随刘备东征，也不至于遭受这样的溃败。

刘备在白帝城病危之时，将诸葛亮从成都召了过来，对诸葛亮说："你的才能十倍于曹丕，一定能够安定国家，成就大业。如果我的儿子还能辅佐得来，那就辅佐他，如果他实在不中用，你可以取而代之。"刘备又命儿子刘禅将诸葛亮视若父亲来对待。

诸葛亮对刘备的重视和礼遇非常感激，他也秉承了刘备复兴汉室的理想，将毕生精力投入了北伐曹魏的事业之中，尽管最终诸葛亮的北伐没能获得成功，但却赢得了广泛的尊重。后来魏国征西将军钟会进攻蜀汉，灭蜀后还特地到诸葛亮的庙里祭拜以示尊重。

诸葛亮于公元234年去世，享年53岁。从26岁在隆中为刘备献上三分对策开始，他用自己余下的半生来报答对其有知遇之恩的刘备。

诸葛亮的成就甚多，《三国志》称他改进了连弩，还发明了木牛流马，尽管对此缺乏详细的记载，但也反映了他在机械方面有独特的才能。诸葛亮还有出色的文笔，其《出师表》和《诫子书》都流传下来，成为千古名篇。宋代的陆游就盛赞诸葛亮"出师一表真名世，千载谁堪伯仲间"，陆游与诸葛亮时代相隔近千年，但他一样能从诸葛亮的传世作品以及事迹中寻求到一种共鸣，这也是建立在对历史的理解之上的。

书圣王羲之

王羲之是东晋时期的书法家。他出身于名门世族琅邪王氏,父亲王旷是东晋重臣王导的堂弟,王羲之官至右军将军,因此又被人称为王右军。

王羲之擅长书法,当时的人称他写字"飘若游云,矫若惊龙"。王羲之7岁就开始学书法,他的父亲王旷、叔父王廙(yì)同样也是书法家,而王羲之的母亲又与另一位书法家卫夫人是亲戚,于是王羲之早年跟随卫夫人学习书法。王羲之的书法兼善隶、草、楷、行各体,精研体势,心摹手追,广采众长,备精诸体,冶于一炉,摆脱了汉魏笔风,自成一家,影响深远。他风格平和自然,笔势委婉含蓄,遒美健秀,代表作《兰亭序》被誉为"天下第一行书"。

王羲之生平留下了一些有趣的故事。当时太尉郗鉴让门生去找王导,希望王导给他介绍一位女婿,王导就让郗鉴的人到厢房去逐个观察王家子弟。门生回去报告郗鉴,说王氏的子弟们都很好,但大家知道郗鉴要来找女婿,都显得很矜持拘谨,只有一个人靠着东边的床上袒露肚子吃东西,像没听到这件事一样。郗鉴说道:"这正是我女婿的合适人选呀。"郗鉴前去寻访,发现那人正是王羲之,于是就把自己的女儿嫁给了王羲之,这也是典故东床快婿的来源。

永和九年，歲在癸丑，暮春之初，會于會稽山陰之蘭亭，修禊事也。群賢畢至，少長咸集。此地有崇山峻嶺，茂林修竹；又有清流激湍，映帶左右，引以為流觴曲水，列坐其次。雖無絲竹管弦之盛，一觴一詠，亦足以暢敘幽情。是日也，天朗氣清，惠風和暢，仰觀宇宙之大，俯察品類之盛，所以遊目騁懷，足以極視聽之娛，信可樂也。夫人之相與，俯仰一世，或取諸懷抱，悟言一室之內；或因寄所託，放浪形骸之外。

雖趣舍萬殊，靜躁不同，當其欣於所遇，暫得於己，快然自足，不知老之將至。及其所之既倦，情隨事遷，感慨係之矣。向之所欣，俯仰之間，已為陳跡，猶不能不以之興懷。況修短隨化，終期於盡。古人云：死生亦大矣。豈不痛哉！每覽昔人興感之由，若合一契，未嘗不臨文嗟悼，不能喻之於懷。固知一死生為虛誕，齊彭殤為妄作。後之視今，亦猶今之視昔，悲夫！故列敘時人，錄其所述，雖世殊事異，所以興懷，其致一也。後之覽者，亦將有感於斯文。

▲东晋·王羲之《兰亭序》绢本

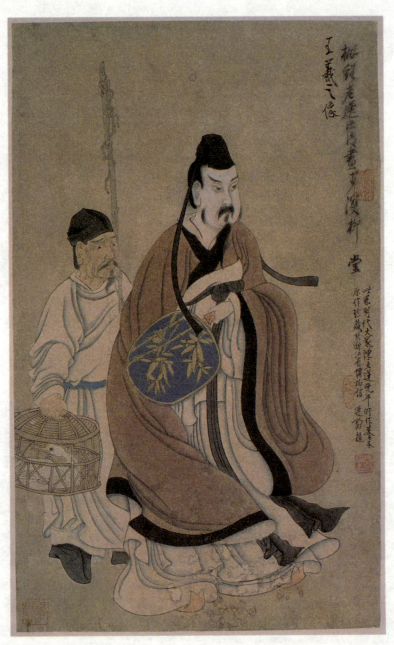

▲明·陈洪绶《羲之笼鹅图》

　　王羲之还特别喜欢鹅，在会稽有一个独居的老太婆养了一只鹅，叫声很好听，于是他和亲友一同驾车前去观看，老太婆听说王羲之要来，就把鹅宰了煮给他吃，王羲之为此惋惜了很久。另外，在山阴有个道士养了一群鹅，王羲之看了很喜欢，想买下来，道士说让他帮忙抄写《道德经》就把鹅送给他，王羲之很开心地照办了，随后把鹅带了回家，觉得十分开心。这些事情也体现了王羲之率真的一面。

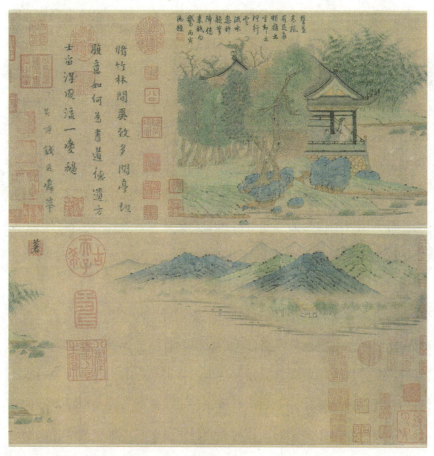

▲元·钱选《王羲之观鹅图》（局部）

出将入相的平民王猛

王猛字景略，是北海郡剧县人，自小贫困，靠卖畚箕为生。王猛博学，喜欢读兵书，为人谨慎稳重，严肃坚毅，不把琐碎小事放在心上，不与那些不投契的人交往，因而为一些浮夸之人所鄙夷，但他不为所动。

东晋的桓温北伐时曾经试图招揽王猛南下，被王猛拒绝了。后来苻坚听说了王猛，就找人把他请来。两人一见如故，谈及天下大事，像刘备遇到了诸葛亮一般。苻坚称帝后，王猛任始平县令。王猛执政严厉，善恶分明，约束了地方豪强，后因鞭刑打死了一个官吏而被逮捕。苻坚亲自问他为何如此严苛执法，王猛却认为仁政应该在国家安定的时候施行，而在动乱的年代则应该严厉执法，于是苻坚就赦免了他。

随后王猛得到了苻坚的信任，不断晋升，36 岁时，一年升迁了 5 次，引起了宗室以及苻坚老部下的反感。苻坚废掉了那些诋毁王猛的官员，使得别人不敢非议王猛。后来王猛被提拔为丞相，苻坚将大小事务都托付给了王猛。王猛执政重视公平，流放了那些尸位素餐的官员，提拔了有真才实干的人；对外加强军备，在内推崇儒学；鼓励百姓从事农耕，教导他们懂得廉耻，没有犯罪就不会获刑，没有才能的也不会得到任用，于是兵强国富，这都是王猛的功劳。苻坚曾经对王猛说："你日夜操劳毫不懈怠，我就像周文王得到了姜太公，可以悠闲自在过日子了。"苻坚还让自己的孩子们要像对待自己一样对待王猛。

▲王猛像

王猛不仅治国有方，还为苻坚立下了许多战功，在前秦统一北方的过程中作出了巨大的贡献。前秦的宗室苻柳、苻双、苻廋（sōu）、苻武四人发动叛乱，王猛亲自出征平定了这场叛乱。后来王猛又率军攻打前秦在北方的强敌前燕，大获全胜。王猛的军队纪律严明，以至于原本强盗横行的地方都变得安定起来。燕国的国民也很欢迎王猛，王猛灭北燕为前秦统一了北方，使得前秦的国力空前强大。后来王猛积劳成疾，临死前告诫苻坚不能攻打晋朝，可惜苻坚没能听从王猛的建议，在王猛死后苻坚亲征东晋，却惨遭淝水之败，以至于前秦最终分崩离析。王猛与苻坚的故事，也足以成为君臣相敬的典范，正是苻坚的知遇之恩，才使得王猛能够在极为重视门阀出身的年代，能以布衣出身出将入相，最终功成名就。

田园诗人陶渊明

著名的诗人陶渊明生活在东晋至南朝的刘宋时期，史书称他是东晋名将陶侃的曾孙，而他的祖父陶茂是东晋的武昌太守。

陶渊明早年生活在东晋相对比较安定的时期，但生活并不富裕。陶渊明博学而善于写作，为人洒脱，乡里邻居都很看重他。后来陶渊明被起用为江州祭酒，但做了没多久就辞职回家，后来又被召去做主簿，他没有上任。之后陶渊明当了彭泽县令。陶渊明平日里不爱巴结长官，郡里派督邮前来，下属表示他应当束好衣服，穿戴齐整前去迎见，陶渊明却说："我怎么能够为了五斗米而向乡里小人折腰呢？"于是他就辞去了官职。

陶渊明向往田园生活，辞官后写下了《归去来兮辞》，在序文中自述，自己家中贫困，种田养不活自己，而孩子又多，亲友都劝他去做官，但他一开始也并没有办法求官。叔父因他家贫而设法让他到彭泽县做官，彭泽县离家百里，没过多久，他就开始怀念故土。陶渊明认为做官谋生违背了自己的本意，心中觉得愧疚，他在《归去来兮辞》中写道："归去来兮，田园将芜胡不归？"家中田园都快荒芜了，为何还不回去呢？"悟已往之不谏，知来者之可追。实迷途其未远，觉今是而昨非。"他认定了之前出来做官是错误的选择，而自己还好没陷

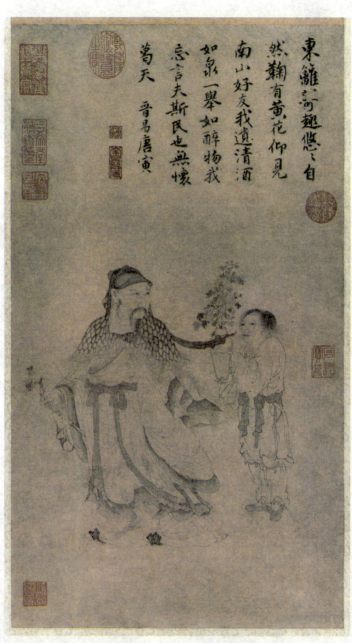

东篱荷锄趣悠悠自
然鞠有黄花仰见
南山好友我遗清酒
如泉一举如醉物我
忘言夫斯民也无怀
葛天　晋昌唐寅

▲明·唐寅《采菊图》

▲清·萧晨《桃源图》

进去太久，还可以把握未来的生活。

陶渊明的《归园田居》诗反映了他回归田园后的生活，他在诗中写道："开荒南野际，守拙归园田。方宅十余亩，草屋八九间。榆柳荫后园，桃李罗堂前。"可见他一开始生活也还算过得去，但后来陶渊明家中失火，宅子都烧没了，生活变得困难起来。

陶渊明回归田园后还有人邀请他出来做官，但被他拒绝了。陶渊明晚年生活较为清苦，到了刘宋元嘉年间死去，终年 62 岁。

陶渊明留下了大量的田园诗歌，他在诗歌中所体现出来的向往自然的思想，到了今天也能够引起人们共鸣，陶渊明在赋中写道："寓形宇内复几时，曷不委心任去留？"身体住在天地间又能够有多久，为什么不随心所欲任由生死呢？或许正是这样的思想，才能让他在回归田园后感叹"久在樊笼里，复得返自然"。

竹林七贤

魏晋南北朝时期，因为政治、社会风气的影响，人们开始不谈论政治，更多的是谈论文学和艺术上的成就。评价一个人的标准也不再是道德风范，而是转变为一个人的外貌及精神气质。这种现象被人称为"魏晋风度"，其中，代表人物为"竹林七贤"——阮籍、嵇康、山涛、向秀、刘伶、阮咸、王戎。

▲傅抱石《竹林七贤图》

刘义庆与《世说新语》

刘义庆是南朝刘宋时期的人，他出身皇族，是宋武帝刘裕的侄子，继承爵位成为临川王。刘义庆在宗室里也是比较突出的人才，历任荆州、江州以及南兖州刺史。他的政绩并不突出，但他喜好文学，招揽了许多文人雅士，在这些文士的帮助下，他编撰了《世说新语》一书。

《世说新语》分三卷、三十六门类，主要记载了东汉后期到魏晋时期名士的言行轶事。这种作品形式并非刘义庆的创新，西晋时郭颁撰写《魏晋世语》，东晋时裴启撰写《语林》，后郭澄之也模仿裴启撰写了《郭子》，而刘义庆编撰的《世说新语》正是建立在这些基础之上的。

《世说新语》文风生动，一则故事往往只有几句话，却能勾画出故事人物的性格特点，展现出了魏晋时期世家名门的生活面貌，以及那个时代的清谈风气。《世说新语》留下了许多有趣的故事，一直流传至今，尽管其中记录的事件与人物言行未必都是真实发生的，但作为文学作品，《世说新语》同样具备很高的价值。

《世说新语》中记录了东汉末年孔融的故事。孔融小时候在洛阳去司隶校尉李膺家，自称是李膺的亲戚。李膺问及孔融，孔融回答孔氏的祖先孔子与李氏的祖先老子有师生关系，在场的人都觉得孔融机

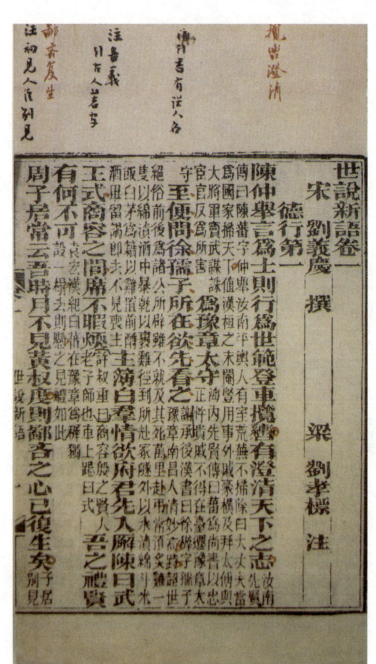

▶ 刘义庆《世说新语》

▲明·夏葵《雪夜访戴图》

灵。太中大夫陈韪评价孔融，说道："小时了了，大未必佳。"小时候聪明的人，长大了不见得多好。孔融回答陈韪："想君小时，必当了了。"意思是想必你小时候很聪明吧。孔融的反驳使得陈韪无地自容。这则故事短短数句，就描绘出了孔融年幼时的机智聪明。《世说新语》中这样妙语连珠的例子还有很多，例如在另一则小故事中，孔坦去拜访一个姓杨的人，姓杨的不在，家中只有他9岁的孩子。杨家小孩招呼孔坦，摆出了一些水果，孔坦看到水果里的杨梅，就开玩笑说："这杨梅是你们杨家的。"杨家小孩却回答说："从没听说过孔雀是你们家的啊。"

　　《世说新语》中还写到了王羲之的儿子王徽之洒脱的性情。王徽之曾在夜里醒来，想起了戴安道，于是夜里坐船去找他，过了一整夜才到了戴安道门前，王徽之却没有进去。别人问起他，他回答说："吾本乘兴而来，兴尽而返，何必见戴？"寥寥数语，王徽之随性而为的形象便跃然纸上，故事又给人留下了许多想象的空间，而这也正是《世说新语》的成功之处。

祖冲之与圆周率

　　魏晋南北朝时期出现了一批优秀的数学家，而祖冲之就是其中一位。他生活于南朝的宋、齐时代，他的曾祖父祖台之在晋朝时担任侍中，祖父祖昌在刘宋时任职大匠卿，其父祖朔之为奉朝请，是可以参加朝会的闲散官员。祖冲之喜欢稽考古事，机敏聪慧，他在宋、齐两朝均担任官职，在南齐时官至长水校尉。

　　祖冲之最为人所知的莫过于他对圆周率的计算，他在另一位数学家刘徽的基础上，精确算出了圆周率在 3.1415926 和 3.1415927 之间，是世界上第一个把圆周率算到小数点后七位的人。祖冲之在数学方面的研究成果，记载于他的名著《缀术》之中，《缀术》在唐代时是算学的主要课本，但这本书到了北宋中期时失传了。

　　祖冲之的成就并不仅仅体现在数学之上，他还精通天文历法，擅长机械制造。祖冲之发现当时所用的由何承天制定的《元嘉历》存在疏漏，于是制定了新的天文历法《大明历》，这部历法原本已被宋孝武帝采纳，但孝武帝却在历

▲祖冲之像

法实施前死去，因而历法被搁置了。直到祖冲之死后，到南朝萧梁的梁武帝时方才得以施行。

而在机械制造方面，宋武帝刘裕攻灭后秦时，得到了姚兴的指南车，但这个指南车仅有外形而无内部机械。后来宋顺帝时期，辅政大臣萧道成让祖冲之研究古代指南车的制造方法，祖冲之对指南车进行了改进。北方有一个叫索驭驎（dài）的人自称会造指南车，萧道成让他和祖冲之一起比试造车，结果索驭驎的车远不如祖冲之的，于是索驭驎便烧毁了自己的指南车。此外祖冲之还制造过欹（qī）器，这是一种古老的计时器，早已失传。祖冲之的研究与发明，都展现了中国古代先进的科学技术水平。

▲三国曹魏·马钧造指南车模型图

郦道元与《水经注》

郦道元是北魏时期的人，他是北魏青州刺史郦范的儿子。郦道元在景明二年（公元501年）被任命为冀州镇东府长史，代刺史管辖了三年，他执政严苛，官吏都害怕他，而奸邪之徒都逃到其他地方去了。后来郦道元历任鲁阳太守、东荆州刺史、河南尹、御史中尉等官职，在任河南尹期间还曾立下过战功。由于郦道元为政严厉，引起了一些权贵的不满，当时雍州刺史萧宝夤有反叛的迹象，于是城阳王元徽就建议朝廷将郦道元派到萧宝夤（yín）那里。萧宝夤认为郦道元会对自己不利，就在公元527年派人杀害了郦道元。

郦道元生前写就了地理著作《水经注》，《水经注》是6世纪前中国第一部全面、系统的综合性地理著述，对研究中国古代历史和地理有着重要的参考价值。《水经注》顾名思义是为《水经》作注释，《水经》是前人所写的记述水系的著作，全书一万多字。而郦道元在此基础上进行走访考察，他的《水经注》字数达到了三十多万字，介绍的河流达到了1252条之多，记录的内容要详尽很多。

郦道元在《水经注》中不仅阐明水道的源流与变迁，还详细记载了郡县的改革、城市的盛衰、历史古迹和民间传说等。郦道元文笔出色，因此《水经注》具备相当高的文史价值。郦道元生活的年代中国南北分裂，受时代影响，许多地区他的足迹无法涉及，因此在写作此书时他只能凭借文献记载来记述这些地区，前后参考了三百多种文献。郦道元写书时未能实地去考察，这也成了一大憾事。

伟大的建筑师：宇文恺

宇文恺（公元 555—612 年），字安乐，鲜卑族，祖上出自六镇中的武川镇，是大贵族宇文贵的儿子。宇文恺的父亲和两个哥哥都是骁勇善战的名将，为西魏和北周立下了汗马功劳。靠着父兄的功劳，宇文恺从小就过着锦衣玉食的生活，他两岁就当上了双泉伯，六岁被封为安平郡公，达到了大多数人一辈子都难以企及的地位。不过，宇文恺不想只依靠家族的庇护，他希望凭借自己的本事闯出一片天地。

宇文恺自幼不喜欢习武，他从小就博览群书，对建筑方面历代的工匠工艺以及典章制度都十分了解，这也为他后来成为一代建筑大师奠定了基础。

宇文恺成年后，并不习武，而是出任了匠师中大夫等文职，逐渐在工程管理等方面展露出自己过人的天赋。杨坚称帝之后为了巩固地位，对宇文氏一族大加屠戮，只是念在宇文恺父兄的功劳和宇文恺自己的建筑才能上才放了他们一马。之后，宇文恺出色地完成了隋文帝交给他的各种建筑任务，得到了隋文帝的认可。在隋文帝打算修筑新的都城——大兴城时，在第一时间就想到了宇文恺。

宇文恺领命之后，对这项工程十分用心，对大兴城的选址、建筑计划、施工等各个环节做了精密的推演，并进行了实地考察。

在做了充分准备之后，大兴城的建造于公元 582 年正式动工。宇文恺夜以继日地工作，使整个都城建造都在自己的严格掌控之下。经过宇文恺和工匠们的共同努力，大兴城在不到一年时间内就建成了。大兴城总面积达 83 平方千米，大约是现在的西安城的七倍之大。全城以中轴线为核心对城市做了功能划分，主要分为宫城、皇城、外郭城三个部分，规模宏大，分区明显，成为后来历朝历代国都建筑的重要标本。同时，还用大街将大兴城分为多个方块，也就是后来唐代所称的"坊"，白居易称其："百千家似围棋局，十二街如种菜畦。"

以后的岁月里，隋炀帝登基后，宇文恺不仅替隋炀帝营建了东都洛阳，还对通济渠的修筑提出了建设性的意见。宇文恺把东都洛阳建得异常华丽，因此被升为了工部尚书。东都的规模略小于大兴城，全城也是由宫城、皇城、郭城构成的。洛水由西而东穿城而过，把城分为南北两个区。

宇文恺还曾受命开凿了连接大兴城、渭水和黄河的长达三百余里的广通渠。广通渠的开凿既方便了漕运，又灌溉了两岸的农田，有"富民渠"之称。

作为中国古代伟大的建筑家，宇文恺设计建造的各种工程在中国建筑史上留下了浓墨重彩的一笔，对后世建筑事业的发展产生了深远的影响。

一代战神：李靖

李靖（公元 571—649 年），字药师，雍州三原（今陕西省三原县）人，出生在将门之家。李靖的祖父和父亲不仅当过地方长官，还直接上过战场杀敌，立下了不小的战功。他的舅舅更是攻克金陵、平定南陈的隋朝名将韩擒虎。在这种家庭氛围的熏陶下，李靖从小就爱读兵书，经常和舅舅讨论兵法，并得到韩擒虎的充分认可，展现出成为名将的潜质。

成年之后，李靖响应朝廷征召入朝为官，他担任的职位虽然一直不高，但才干得到了很多重臣的认可，大将军杨素甚至认为李靖的才能可以超过自己。当李靖准备施展抱负、建立功勋的时候，他的哥哥却得罪了朝廷权贵，他自己也受到牵连被贬出了京城。之后，李靖一直在外地当着郡丞等小官，但他没有自暴自弃、随波逐流，而是潜心研读兵法，加强自己的韬略，等待着施展抱负的机会。

隋朝末年，天下群雄并起，李靖发觉了李渊的野心，因此试图向隋炀帝告发李渊，但是因为路途阻塞而没有成功。李渊太原起兵攻占长安之后，在李世民的建议下，不计前嫌地将李靖收入了自己的队伍。

从此，李靖有了一个展示自己军事才华的舞台，开始了自己辉煌的军事生涯。

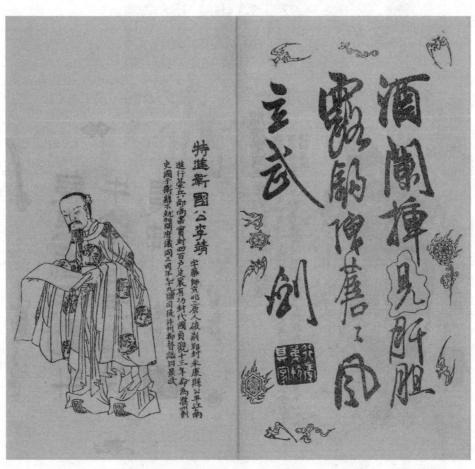

酒阑挥见肝胆

霹雳弦惊陈蘑了风

主武　剑

特进卫国公李靖　宇药师京兆三原人破荆剌封永康县公平岭南

进行台兵部尚书实封四百户足累有功封代国员观十三年命为濮州刺

史国子卫辞不就加阴府议同三司年七九赠司徒许州都督谥曰景武

▲清·刘源《凌烟阁功臣图》之李靖

▲清·任伯年《风尘三侠图》。画中所画人物为红拂女、李靖与虬髯客

　　李靖先是跟随秦王李世民击溃了盘踞中原的王世充，接着在制订详细的作战计划后，亲自指挥部队与李孝恭一起击败了割据江陵的萧铣（xiǎn），平定了江南最大的割据势力，因此被李渊封为上柱国。平定萧铣之后，李靖马不停蹄立刻进攻岭南，并很快平定了岭南地区。公元 624 年，李靖又率军击败了在江淮反叛朝廷的辅公祐起义军，为唐朝统一全国立下了汗马功劳。

　　唐太宗李世民继位后，李靖得到了李世民的绝对信任，继续作为统帅率领唐朝军队四处征讨。公元 630 年，李靖率领部队向北攻击东突厥。他把握战机，千里奔袭，擒获了颉利可汗，最终灭亡了草原霸主东突厥，为唐王朝解除了持续多年的边境危机。其后，他还作为统帅率军深入敌境，攻灭了吐谷浑，为唐军进一步向西域扩张扫清了障碍，更直接促成了大唐盛世的到来。李靖自己也因为功勋卓著，被唐太宗封为卫国公，在唐玄宗时位列"武庙十哲"。

　　李靖还特别注重对军事理论的讨论，留下了很多兵书和战法，成为后世兵家参研的精品。与此同时，李靖与红拂女的爱情故事也成为后人津津乐道的动人传说。

百岁药王：孙思邈

　　孙思邈，京兆东原（今陕西省铜川市）人，公元581年（年龄存有一定争议）出生在一个平民家庭。他幼年开始就展露出了与常人不一样的天赋，记忆力极为惊人，七岁的时候每天就能背诵一千多字，被当地人认为是天才。虽然家里生活条件一般，但孙思邈的父母仍想尽一切办法为他提供读书环境，因此孙思邈从小就接受了良好的教育。本来孙思邈有这么高的天赋，再加上隋文帝杨坚创设了科举考试，应当读书做官，然而在目睹太多昏聩的庸医之后，孙思邈从青年时代就将扁鹊、张仲景等名医视为自己的偶像，立志要用高超的医术去帮助那些需要帮助的人们。

　　孙思邈潜心钻研唐代以前历代医家的著作，特别是华佗等医学名家们留下的著作，发掘其中的精义。同时，作为医生他特别注重行医实践，广泛接诊，在给不同患者看病的过程中积累临床经验。此外，他还多次深入荒郊野岭找寻草药，对大量之前未被医家识别的药草做了辨别和记载。经过几十年的沉淀，孙思邈把所读的医书与自己的临床经验融会贯通，拥有了高超的医术，尤其擅长内科治疗，成为知识渊博、医术精湛的医家。

　　唐太宗继位后，孙思邈接受了朝廷的邀请来到了帝都长安。不过，孙思邈并不愿意直接入朝为官，而是希望通过不断培养弟子将自己的医术传承下去。同时，他还借助官方的力量，寻找民间流传的医疗经验，收集了大量药方。在充分吸取民间智慧并融入自己的医学理念的基础上，孙思邈完成了名著《千金方》，成为中国本土医学的瑰宝。这是中国历史上第一部临床医学百科全书，甚至被国外学者推崇为"人类之至宝"。他还协助太医院完成了世界上第一部国家药典——《唐本草》。

▲孙思邈像

同时，孙思邈有二十四项成果开创了中国医药学史上的先河，他是第一个倡导建立妇科、儿科的人，是第一个麻风病专家，是第一个将美容药推向民间的人，等等，对中国的医学发展作出了重要的贡献。

孙思邈是一位在家修行的道士，他认为人具有"精、气、神"，只有三者都得到发扬，人的体魄才能强健，身体方能健康。这种情况下，孙思邈不仅主张人在生病时应及时就医，更强调人平时要有健康的心态，只有高昂的精神气和平稳的情绪才能让人体内部安定。此外，孙思邈还特别注意养生，提出了许多养生的方法，强调注意饮食，特别要防止夜间大吃大喝。他身体力行，养生有道，年逾百岁，仍然身强体健。

孙思邈是中国古代极有影响力的医学家，他的医学理念和医学著作历代相传，经久不衰，被后世医者奉为典范，享受着"药王"的美誉。

西天取经：玄奘

　　玄奘（公元602—664年），本名陈祎（yī），洛州（今河南省洛阳市）人。因为玄奘佛法精深、学识渊博、为人谦冲，被世人尊称为"三藏法师"。玄奘的祖先身份尊贵，曾担任高官，可以说玄奘从小生活在一个富足而安乐的家庭氛围中。

　　玄奘从小就展现出过人的聪明，不仅跟着父亲熟读儒家经典，还对佛学典籍产生了浓厚的兴趣。父亲去世后，玄奘经常跟着已经出家为僧的二哥去听高僧大德说法论道，逐渐也起了出家做和尚的念头。经过大理寺卿郑善果的举荐，玄奘在洛阳净土寺剃度为僧，开始系统学习佛法。受隋末混乱局势的影响，玄奘主动前往成都跟随名僧修行。几年之后，玄奘游历各地，拜访良师，佛学修为大大提升，成为享有一定社会声望的高僧。

　　虽然在佛学修为上已经小有成就，但玄奘仍不满足，试图进一步提升自己的佛学水平。因此，玄奘动了去佛教诞生地印度（当时称为天竺）寻访佛学真经的心思。

　　然而，去往印度取经谈何容易。由于没有得到唐朝政府的支持与资助，玄奘在公元627年选择独自徒步游学。玄奘从长安启程，先后经过瓜州、玉门关、伊吾、高昌、焉耆、屈支铁门关、吐火罗国等地，

▶玄奘大师像

▲《西游记》故事图册一页

行程达万里之多。虽然前往印度的路途异常艰辛，但是玄奘一直保持着乐观的态度和不得真经不罢休的坚定决心。途中，玄奘不避风险，风餐露宿，翻山越岭，穿越了荒无人烟的戈壁滩、大沙漠，终于到达了印度北境。

在印度期间，玄奘不仅四处拜访得道高僧，还搜集了大量的梵文佛学原典。通过在印度十余年的游历，玄奘佛学思想逐渐成熟，得到了印度佛教界的高度赞誉，玄奘的名字在印度几乎家喻户晓。

玄奘在印度生活了十五年，佛法大成之后，于公元645年回到了阔别已久的长安，受到了唐太宗的亲切接见。之后，玄奘在唐太宗的支持下于长安设立译经院，翻译从印度带回的多部梵文经书，取得了极大的效果，让更多的经文被中国人所熟知。翻译经文的同时，玄奘还根据自己的亲身经历口述西行见闻，由弟子辩机等辑录成《大唐西域记》十二卷，向国人介绍了域外风情，为佛教的传播和世界文明的交往作出了伟大的贡献。

玄奘前往印度求取真经的故事在中国民间得到了广泛传播，古典名著《西游记》中的唐僧形象就是以玄奘作为原型的。伴随着经典的传播，西天取经的故事也得以一代代流传下来。

斗南一人：狄仁杰

狄仁杰（公元630—700年），字怀英，并州（今山西省太原市）人，出生在一个官宦世家。狄仁杰的爷爷曾担任尚书左丞，父亲则当过夔州长史。这样的家庭给狄仁杰创造了良好的成长环境，使他可以饱读诗书。

狄仁杰成年后参加科举考试，通过了明经考试，开始在地方担任法曹等职务。公元676年，狄仁杰被任命为大理寺丞，他精通律法，并能将法律典章与案件实际结合起来，在一年的时间里处理了大量前任留下来的积案。狄仁杰明察秋毫，没有出现任何冤案，展现出杰出的判案能力，被当时的人们所称颂。随后，狄仁杰又受命去地方上担任军政长官，任内他经常微服私访，了解老百姓的日常生活，并制定了一系列亲民的政策，得到了当地老百姓的爱戴。

狄仁杰虽然断案如神，深得百姓喜欢，但并没有真正得到唐高宗的赏识，因此一直担任着中级官职。转机发生在武则天称帝之后。武则天为了巩固自身统治，选择重用狄仁杰，任命他做了宰相。

在宰相任上，狄仁杰不畏权贵，敢于直言进谏，经常受到小人的诽谤而被武则天训斥。好在日久见人心，狄仁杰的拳拳赤子心感动了武则天。有一次，武则天想要修筑一座巨型佛像，花费极大，朝廷也

▲狄仁杰像

没那么多钱，于是下令由寺庙和僧侣纳捐。狄仁杰认为寺庙的钱也是来自老百姓的，命令和尚捐钱实际上就是要平民多供奉，而这无疑会增加民众的负担，因而希望武则天收回成命。武则天虽然心有不悦，但还是接受了他的意见。狄仁杰不仅善于进谏，还拥有极强的办事能力，对外可以抵抗契丹和突厥的入侵，对内善于决断，把朝政打理得井井有条，得到了武则天的充分信任，被称为狄国老。

作为一名杰出的政治家，狄仁杰还拥有知人善任的本领，他在担任宰相后不仅自己履职尽责，还将举贤任能作为自己的工作，先后向武则天举荐了张柬之、姚崇、桓彦范、敬晖等人才，他们中的大多数日后成为唐朝的中兴名臣。狄仁杰虽然赢得了桃李满天下的名声，但他从来不居功自傲，他总是说举荐贤才是为国家兴盛着想，而不是为了个人的私利和名声。

在民间，狄仁杰被普遍认为是一位不畏强暴、断案如神、公平正义、惩恶除奸的青天大老爷，流传下来许多故事和传说，深受广大人民的喜爱。

杰出天文学家：僧一行

僧一行（公元 673—727 年），本名张遂，魏州昌乐人（今河南省南乐县人，也有一说为邢州巨鹿人，即今河北巨鹿人），是中国古代著名的天文学家。

僧一行的曾祖父是唐朝的开国功臣张公谨，到了父亲这一辈家道中衰，只是一个县令。官宦家庭的出身让僧一行有时间和条件去学习，他自幼就聪慧过人，读书很多，不到二十岁就已经博览经史，精通阴阳五行之学，名动长安。为了躲避武则天侄子武三思、武承嗣等人的不断骚扰，也为了追求清净的生活环境，僧一行在二十一岁那年选择出家为僧。

出家之后的十几年时间里，僧一行走遍了天下著名的寺庙，跟随当时最有名的高僧们修习佛法。由于天资聪颖，僧一行的佛学素养大大提升，很快成为一代高僧。僧一行不仅精通佛教经典，还钻研天文和数学，并取得了很大成就。在岭南云游时，僧一行曾居住在云沁山，感慨于秀美的自然景色。他在山麓搭起了茅庐，在与当地高僧交游之余，他注重观察天象、绘制星象图，积累一手研究素材。为了拥有更好的观测体验，他还自己动手制作了一批简易的天文仪器。经过持续不断的学习，僧一行逐步拥有了研究天文学的科学知识和素养。

公元 717 年，僧一行在唐玄宗的一再邀请下回到了长安。不过，返回长安后，僧一行主要是以高僧身份翻译佛经、宣传佛法。不久之后，由于之前的天文历法出现了不少问题，唐玄宗在宰相张说的推荐下，命令僧一行负责新历法的编定。从此，僧一行开始把自己的精力投入制定天文历法的事业之中去。

为了更好地测量星体位置，僧一行与梁令瓒一起，设计制造出黄道游仪、水运浑天仪、复矩等天文测量仪器，极大提高了仪器使用效率，提升了观测精确度。同时，僧一行还根据修改历法的需要，组织领导了我国历史上第一次天文大地测量，提供了相当精确的地球子午线一度弧的长度，成为世界上第一个用科学方法实测子午线长度的科学家。在大规模实地观测和充分吸收前人研究成果的基础上，僧一行主持完成了《大衍历》的草稿，这个新的历法系统周密，可以比较准确地反映太阳运行的规律，标志着中国古代历法体系走向了成熟，对后世产生了极为深远的影响。

为了纪念僧一行在天文学领域的杰出贡献，1964 年南京紫金山天文台发现的"小行星 1972"被命名为"一行"小行星，僧一行在天文历法方面的事迹与成就永远为国人所铭记。

百代画圣：吴道子

吴道子，阳翟（今河南省禹州市）人，年轻的时候家境贫寒，曾跟随张旭和贺知章学习书法。虽然书法技巧进步很快，但吴道子很快发现自己的志趣不在书法上。思考再三，吴道子考虑到自己画什么像什么，便决定把精力全部投入到绘画上。他刻苦努力，潜心学习绘画技巧，展现出过人的艺术天才，不到二十岁就已经成为小有名气的画家了。

之后，吴道子短暂从政，担任过县尉等低级官职，却很快发现自己不是那块料，完全无法忍受官场的尔虞我诈。在这种情况下，他毅然辞掉官位，专心于绘画艺术，开始游历四方，寻找素材和灵感。

吴道子特别注重在生活中汲取创作养料，不断地临摹和记录下有意思的生活场景。经历了若干年的积累之后，有了更多生活阅历的吴道子逐渐形成了自己的艺术风格，自成一派。其中，他画的宗教画尤其是宗教壁画成为当时一绝，得到了社会的高度认可。宗教画之外，吴道子还精通山水、花鸟、桥梁、房舍等方面的绘画，成为公认的全才画家。从此，吴道子成为了一代画坛宗师。

在画坛享有盛誉之后，吴道子接受唐玄宗的邀请，历任供奉、内教博士等职，成为宫廷画师，极受皇帝的欣赏和喜爱。在唐玄宗的鼓

▲唐·吴道子《天王送子图》

励下，吴道子不落俗套、大胆创新，留下了《天王送子图》《明皇受箓图》《地狱变相图》等传世名作，这些画作的创作极大丰富了绘画艺术的内涵，提高了绘画作为一门艺术的价值。吴道子虽然作为宫廷画师为皇室服务，但不畏权贵，也不留恋富贵，依然保持着艺术家的傲骨。

吴道子充分借鉴书法中的草书笔法，使国画的线条有了粗细、转折、勾勒的意味，让画作有了飘举之势。他画的人物，笔势圆转，衣袖、飘带就像被风吹起，不仅栩栩如生，还使整个画面有了一种运动感。这种艺术风格就是著名的"吴带当风"。

作为一代画坛宗师，吴道子不仅自己擅于绘画，还培养了一大批弟子，将自己高超的绘画技艺传给下一代，其中，卢稜伽等人也成为名动一时的大画家。在这些弟子和再传弟子的不断传承下，吴道子的绘画艺术流传下来，深刻影响了后世画家的绘画风格。

吴道子以其杰出的绘画才能和优秀的艺术品德被后世尊称为"百代画圣"，他的画作和绘画理念也成为中国传统文化艺术中的瑰宝。

诗仙李白

李白（701—762），字太白，号青莲居士，是唐代著名的诗人。

李白少年时候就有豪气，不仅爱读诗书，还喜好舞刀弄剑，通过自己的诗名开始赢得了一些社会关注。长大成人之后，李白前往四川各地游历，增长了阅历和见识，进一步锻炼了自己的诗才。

看到家乡的平台已无法与自己的才气匹配，李白选择离开家乡，踏上远游的征途，寻求新的突破。他一路沿长江顺流而下，途经重庆、鄂州、扬州等地，结识了孟浩然、王昌龄等诗人。已是成名诗人的孟浩然很欣赏李白的才气，二人习性相投，一见如故，彼此成了知己好友。在孟浩然等人的大力引荐下，李白诗名日盛，名声传到了帝都长安。进京之后，李白以杰出的诗才为敲门砖，结识了很多官员，并迎娶了前任宰相许圉（yǔ）师的孙女。不过，李白心比天高，并不安于现状，而是期待拥有更大的舞台，实现自己的理想和抱负。实现抱负最迅速的办法就是得到皇帝的赏识，然而想要引起皇帝的注意并不容易，李白的谋职之旅并不顺利，只得暂时离开长安，另寻出路。

好在真金不怕火炼，李白的诗歌经过传诵被当时的文坛领袖贺知章偶然发现，他的诗才令贺知章大为钦佩，认为他的诗只有仙人才写得出，因此称李白为"谪仙人"。在贺知章的极力推荐下，喜好文艺的唐玄宗看到了李白的诗赋，对他十分钦慕，便把李白征召到了翰林院。唐玄宗对李白十分赏识，也给予了他很高的地位，不过却只把李白当作文学侍从，并没有给他施展政治抱负的机会。这样御用文人的生涯让李白十分压抑，他便通过饮酒发泄心中的不满。在一次宫廷宴会上，李白在宫中喝醉了，借着酒劲儿竟然伸出了脚，要求大太监高力士为他脱靴子，这样一来他彻底得罪了高力士。在高力士的不断诋毁下，唐玄宗也逐渐疏远了李白。李白看到很难找到施展抱负的机会，便选择再次离开长安，临行时他仍然意气风发，留下了"仰天大笑出门去，我辈岂是蓬蒿人"的千古名句。安史之乱爆发后，李白无意间被卷入了皇族之间的政治斗争，受到了牵连而不断被贬谪，郁郁而终。

李白是诗歌全才，乐府、歌行、绝句、律诗无不精通。李白的诗歌并无定法，不受条条框框的影响，想象力丰富，从而产生神奇异彩、瑰丽动人的意境，给人以美的享受。李白以其杰出的艺术成就，被后人誉为"诗仙"。李白有《李太白集》传世，代表作有《望庐山瀑布》《行路难》《蜀道难》《将进酒》《越女词》《早发白帝城》等多首，成为中国文学史上的关键性人物。

▶南宋·马远《对月图》。此图取材自李白的诗『举杯邀明月，对影成三人』

诗圣杜甫

杜甫（712—770），字子美，自号少陵野老，人们也称他杜拾遗、杜工部、杜少陵，是唐朝伟大的现实主义诗人。杜甫被世人尊为"诗圣"，他创作的诗歌因能够反映时代变化而被称为"诗史"，成为时代的缩影。

杜甫的祖父和父亲担任着朝廷官员，因此杜甫从小生长在一个官吏家庭。在这样的家庭环境里，杜甫青少年时期过着较为安定富足的生活。既然无须为生计发愁，杜甫就有时间和金钱接受良好的教育。杜甫从小就发自内心地喜爱读书写作，很早就以才气闻名乡里。

随着父辈相继离世，杜甫家道中落，加上科举考试也不顺利，他只能当一些芝麻小官，生活水平大大下降。虽然自身处境逐渐恶化，但杜甫始终保持着一份赤子之心，用自己的笔记录下社会的方方面面。同时，杜甫在外游历时遇上了李白，二人志趣相投，一起登临高台、慷慨怀古、纵论天下，成为一时美谈。虽然与李白成为好友，但杜甫的诗歌风格与李白截然不同。

杜甫热爱生活，热爱普通民众，热爱祖国的大好河山。由于处在唐王朝由盛转衰的转型时期，他目睹了大量的社会丑恶现象。他嫉恶如仇，对官府的腐败、吏治的败坏以及社会生活中的黑暗现象予以大

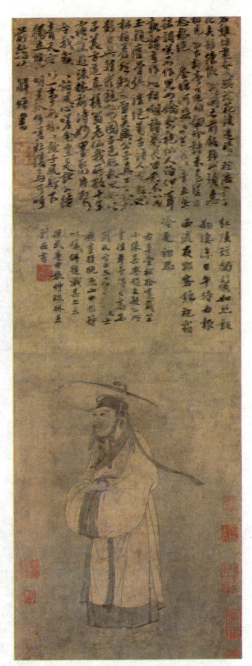

▶元·赵孟頫《杜甫像》

▲明·唐寅《杜甫诗意图》

胆揭露和批评，其中《丽人行》更将批判的矛头直指杨贵妃、杨国忠兄妹，揭露了当权者荒淫腐朽的丑态。作为地主阶级知识分子，杜甫对普通民众保有深刻的同情心，心甘情愿为解救人民的苦难做出自我牺牲。杜甫的诗歌创作虽然种类繁多，但作品中始终贯穿着忧国忧民这条主线，以最普通的老百姓为主角，展现出诗人的胸襟和情怀。

　　杜甫的诗歌风格基本上可以概括为"沉郁顿挫"，文字表达和篇章结构富于变化，讲求炼字炼句，很有章法。杜甫的诗文风格影响了后世一代代诗人的创作，其文法和格式更成为诗歌创作的重要标杆。后世文人学诗，杜诗是绕不开的模板和经典。大诗人韩愈曾表示："李杜文章在，光焰万丈长。"杜甫与李白被公认为唐代最伟大的两位诗人。

　　杜甫一生在政治上都不如意，四处碰壁，抱负始终无法施展。到了晚年，杜甫又碰上安史之乱爆发，社会动荡不安，更加穷困潦倒，最终病死客船，但他的瑰丽诗篇为后人留下了无尽的文学宝藏。

诗魔白居易

　　白居易（772—846），字乐天，号香山居士，是唐代著名的大诗人。白居易出生在一个官宦家庭，受家庭氛围影响，他从小就特别喜欢听家人给他念故事。稍微长大之后，白居易开始翻阅各种类型的书籍，他的记忆力特别惊人，只要是他看过的书，都可以牢牢记在脑子里。经过不断地读书和写作，白居易年纪轻轻就显示出非凡的诗歌才华，被誉为神童。

　　在家乡诗才已经被认可的白居易为了得到更大的平台，在16岁那年只身来到了首都长安。他拜访当时的文坛领袖顾况，希望前辈对自己的诗作进行指点。虽然顾况一开始觉得白居易行事有些唐突，甚至拿他的名字开玩笑，认为长安"居大不易"，但读到白居易所作《赋得古原草送别》中的"野火烧不尽，春风吹又生"一句时，就很快为白居易的诗情所感染，认可了白居易的创作实力，认为他是诗歌奇才。之后，在顾况的大力赞扬和推介下，少年白居易的诗名顿时便传遍了整个长安城。

　　之后白居易参加科举，高中进士，从此踏入了仕途，官居翰林学士。不过由于文人气息太重，与官场氛围格格不入，再加上喜欢上书劝谏，白居易在仕途上没有取得特别突出的政绩，经常处在一种受贬谪的状态中。被贬黜出京后，他历任江州司马、杭州刺史、苏州刺史等职，虽然官职不大，但他仍然尽心为当地百姓谋福祉，赢得了较好的口碑。

白居易在政治上取得的成就虽然有限，但他在诗歌主张和诗歌创作上却开创了一个新的时代。白居易与元稹共同倡导新乐府运动，在诗歌内容题材上，他继承杜甫关注现实的诗风，特别注意写实，揭露社会上的不公，抒发自己的真情实感；在文字风格上，他力求通俗浅显，尽量以朴实真切甚至口语化的语言写作，他的诗歌甚至街头的流浪艺人和略通文墨的小吏也能读懂。在这种通俗易懂的艺术风格影响下，白居易的诗歌得到了广泛传播，上至宫廷，下至民间，产生了极大的社会影响力，甚至传播到日本、朝鲜等海外地区。

白居易不仅自己吟诗作赋，还特别注重诗歌创作的理论和规范，为后世诗人的诗文创作做了一个很好的示范。白居易创作的《长恨歌》《琵琶行》《赋得古原草送别》《卖炭翁》等名篇更成为中国文学史上的一座座丰碑。

▲（日）狩野山雪《长恨歌图》

公元220年：东汉结束，曹丕称帝，建立魏国，三国开始

公元221年：刘备称帝，夷陵之战爆发

公元222年：孙权称吴王

公元228年：诸葛亮第一次北伐，司马懿平定孟达叛乱

公元229年：孙权称帝

公元266年：曹魏灭亡，司马炎称帝，西晋建立

公元280年：西晋灭吴，三国结束

公元291—306年：八王之乱

公元317年：西晋灭亡，西晋皇族南渡，司马睿建立东晋

公元319年：石勒建立后赵

公元383年：东晋与前秦发生淝水之战

公元420年：刘裕代晋自立，东晋结束，南北朝正式开始

公元439年：北魏统一北方

公元479年：南朝第一个政权刘宋政权灭亡，萧道成建立南齐

公元502年：萧衍取代南齐建立南梁

公元556年：西魏灭亡

公元557年：陈霸先建立陈朝，此为南朝最后一个政权

公元577年：宇文邕灭北齐，完成北方统一

公元581年：隋朝建立

公元583年：大兴城建成

公元589年：隋朝灭陈，统一全国

公元604年：隋炀帝杨广即位称帝

公元605年：隋炀帝下令贯通大运河

公元611年：隋末农民大起义爆发

公元617年：瓦岗军占领兴洛仓；李渊太原起兵

公元618年：李渊称帝，建立唐朝，隋朝灭亡

公元626年：玄武门之变，唐太宗即位

公元628年：玄奘赴天竺（印度）取经

公元630年：唐灭东突厥，唐太宗被尊称为"天可汗"

公元641年：唐文成公主与吐蕃松赞干布和亲

公元668年：唐灭亡高句丽

公元683年：唐高宗病死，武则天临朝称制

公元690年：武则天称帝，改国号为周

公元712年：唐玄宗李隆基登基称帝

公元755年：安禄山起兵，安史之乱爆发

公元756年：马嵬驿兵变，唐肃宗即位

公元763年：安史之乱结束

公元780年：颁布两税法

公元805年：王叔文改革

公元820年：元和削藩成功，唐王朝暂时解决藩镇问题

公元845年：唐武宗灭佛

公元878年：黄巢起义爆发

公元905年："白马驿之祸"爆发

公元907年：朱温废唐哀帝，建立后梁，唐朝灭亡